Comprendre son CHIEN

100 ATTITUDES ET PETITES MANIES DÉCODÉES

TREVOR WARNER

Comprendre son CHIEN

100 ATTITUDES ET PETITES MANIES DÉCODÉES

LAROUSSE

Édition originale
Dog Body Language, Tim Warner

First Published in the United Kingdom in 2007 by Salamander Books,
An imprint of Pavillion Books Company Limited, 43 Great Ormond Street,
London WC1N 3HZ
This edition published in the United Kingdom in 2017

Édition française
Traduction
Sabine Rolland

Direction de la publication
Isabelle Jeuge-Maynart et Ghislaine Stora

Direction éditoriale
Aurélie Starckmann

Édition
Sylvie Cattaneo-Naves

Mise en pages
Dédicace, Nord Compo, Villeneuve-d'Ascq

Couverture
Laëtitia Costes

Fabrication
Émilie Latour

ISBN : 978-2-03-596025-2

Imprimé en Italie par Stige
Dépôt légal juillet 2019
322587/01- 11039569- mai 2019

SOMMAIRE

INTRODUCTION

Le chien est le meilleur ami de l'homme. Depuis son évolution – ses ancêtres possédaient toutes les caractéristiques du loup – et sa domestication par les premiers humains, le chien a toujours joué un rôle utile au sein de sa famille humaine. Dès le début, il a été utilisé comme chien de garde pour prévenir les attaques et les vols de bétail. Plus tard, cette fonction a été étendue et il a aidé les hommes à la chasse, dans la conduite des troupeaux ainsi que dans le contrôle des nuisibles.

Au IIIe millénaire, les chiens en viennent à assumer les fonctions les plus variées : ils assistent les sourds et les aveugles, ainsi que la police dans sa recherche de drogue et d'explosifs, tout en continuant de remplir leur mission première : celle de fidèles gardiens.

Aujourd'hui, le rôle de gardien est accessoire et le chien est avant tout un animal de compagnie : un compagnon affectueux, fidèle et fiable qui donne son amour sans compter et manifeste son enthousiasme en remuant la queue.

Comment expliquer son comportement ? Pourquoi le chien est-il si disposé à travailler et à obéir, alors que le chat, lui, est indépendant et n'en fait qu'à sa tête ? Pour comprendre son comportement, il faut se pencher sur son ancêtre le loup. Au cours de son évolution, le loup est devenu un chien sauvage qui a fini par être domestiqué. Si vous avez un chien, dites-vous que vous avez un loup à votre porte. La quasi-totalité de ses traits comportementaux sont ceux du loup. Une meute de lycaons se déploie à l'identique d'une meute de loups. Les membres coopèrent au sein d'une hiérarchie établie par un chef assisté d'individus dominants qui, à leur tour, règnent sur leurs subordonnés.

C'est la même chose pour le chien domestique, sauf qu'il ne vit pas en meute, mais dans une famille. Et, si tout est en ordre, il accepte son rôle de dominé au sein de

sa famille humaine. Si le chien recherche tant la compagnie, c'est pour une raison génétique : il est programmé pour vivre avec des congénères. Et si ce ne sont pas des congénères, ce sont des humains. Cela explique en partie pourquoi un chien n'abandonne pas son maître mourant – il ne quitte pas le chef de meute.

Depuis les premiers chiens domestiques, l'élevage sélectif a produit une multitude de races canines, du gigantesque Lévrier irlandais au minuscule Yorkshire. On a du mal à imaginer que l'Europe médiévale ne comptait qu'une vingtaine de races reconnaissables alors qu'il en existe plus de 700 aujourd'hui. Et ce chiffre est appelé à augmenter, les éleveurs s'efforçant de produire des chiens de race pure porteurs de telle ou telle caractéristique. Toutes les races possèdent des traits comportementaux hérités du loup, et ce livre va vous aider à comprendre les liens.

Le principal facteur qui détermine le comportement d'un chien avec ses congénères et les membres de sa meute est son statut hiérarchique – chef ou subordonné ? La tentative de « prise de pouvoir » commence dès le plus jeune âge lorsque les chiots jouent à la bagarre avec, au programme, mordillements, petits coups dans le museau et chevauchements simulés. Les folles parties de jeu des premiers mois prennent une tournure plus sérieuse à l'âge adulte. Les maîtres ont tendance à ne voir dans les échanges entre chiens adultes que des comportements de jeu sans conséquence, mais les animaux, eux, y mettent autre chose. Ils considèrent leurs « petites victoires » sur leurs congénères comme un moyen de « prendre du galon » ; c'est pourquoi ils vont chercher à passer les premiers par la porte d'entrée, à attraper leur os favori et à le monopoliser ou à menacer leurs frères et sœurs.

Ces comportements peuvent paraître insignifiants aux yeux des humains, mais pas des principaux intéressés. Les problèmes surgissent quand les chiens se mettent à jouer à des « petits jeux de pouvoir » avec leurs maîtres : ils refusent de lâcher leurs jouets, s'imposent dans une pièce qui leur est interdite d'accès ou dorment sur le lit de leur propriétaire. En soi, rien de bien grave, mais à la longue, si le maître ne dit rien, le chien va finir par penser qu'il est le mâle dominant du foyer. Chef autoproclamé en l'absence d'opposants à son régime, son comportement va dégénérer en aboiements intempestifs, grondements et agressivité.

Certains programmes de télévision à l'étranger commencent à s'intéresser au problème et aux solutions possibles. Les maîtres croient se montrer gentils en laissant leurs animaux faire la loi. Or, la plupart des troubles comportementaux des chiens que je vois passer dans mon cabinet vétérinaire sont liés à leur agressivité dont l'une des causes principales est l'indulgence excessive du maître.

Bien que ce livre se veuille avant tout divertissant et sans prétention trop scientifique, il vous donne des clés sur la bonne attitude à adopter vis-à-vis de votre animal. Les chiens fonctionnent sans problème au sein d'une hiérarchie, même à l'échelon le plus bas, mais ils ont besoin de messages clairs, simples et, surtout, cohérents.

Un maître qui est venu me voir employait exactement le même ton pour appeler son chien que pour le punir. Et il se demandait pourquoi son compagnon ne venait pas lorsqu'il l'appelait. Évidemment, l'animal avait peur d'être réprimandé et gérait la situation en ignorant son maître. La solution était simple : le maître n'avait qu'à changer le ton de sa voix pour appeler son chien.

Je vous invite à considérer ce petit livre comme un point de départ, un premier pas vers la compréhension du comportement de votre chien. Si vous voulez creuser la question, sachez qu'il existe d'autres ouvrages qui vous apporteront un éclairage plus approfondi et plus scientifique sur ce que je considère comme du bon sens. Si le comportement de votre compagnon vous pose des problèmes graves ou persistants, allez voir un psychologue ou un comportementaliste animalier. Mais je vous préviens : ces spécialistes sont nombreux à penser qu'il y a peu de chiens – et beaucoup plus de maîtres – à problèmes.

01 « TU VEUX FAIRE PARTIE DE LA BANDE ? »

Les chiens adorent être au sein de leur meute qui leur apporte sécurité et compagnie. Dans la nature, cela leur permet de chasser ensemble pour se nourrir. Les groupes de chiens n'ont pas besoin d'être très grands pour que l'instinct grégaire se manifeste – il suffit de deux à trois individus. Dans un foyer qui compte plusieurs chiens, si l'un d'entre eux s'isole du reste du groupe, c'est probablement parce qu'il a été élevé seul dès son plus jeune âge et n'a jamais acquis les compétences sociales nécessaires pour s'entendre avec ses congénères.

L'instinct grégaire du chien est l'un des nombreux comportements hérités de son ancêtre le loup.

FAVORIS DES ROIS ET DES REINES

Le Lévrier afghan avait autrefois la faveur des rois, et des textes historiques en font mention dès 4000 av. J.-C. Autre favori des cours royales : le Welsh Corgi Cardigan (à gauche), considéré comme le plus ancien chien britannique de race pure. Il pourrait avoir été introduit par les Celtes au pays de Galles vers 1200 av. J.-C. (Le chiot à l'extrême gauche attend encore le développement complet de son oreille gauche !)

02 « JE SUIS TOUT SEUL ! »

Le hurlement révèle presque toujours un sentiment de solitude ou de séparation. Le chien dit : « Ne me laisse pas, reviens ! » Il se sent isolé et son cri est destiné à faire revenir son maître ou un partenaire de jeu. Dans la nature, les loups utilisent efficacement le hurlement pour rassembler la meute. Une fois qu'un individu réussit à réunir plusieurs membres de la meute, le cri résonne partout dans la vallée et la montagne pour convoquer tous les loups alentour. Chez les chiens, le hurlement est presque toujours solitaire, mais son but est identique : attirer l'attention pour avoir de la compagnie. Les chiens laissés seuls toute la journée et qui s'ennuient peuvent faire réagir le voisinage par leurs hurlements intempestifs : on appelle le propriétaire qui rentre sur-le-champ. Comme quoi ça marche !

PAS DE PORTABLE, MAIS DES HURLEMENTS

Les loups utilisent le hurlement pour rassembler leurs compagnons de chasse et pour signifier à d'autres meutes de loups les limites de leur territoire. Lorsqu'un loup est chassé de sa meute, il peut hurler pour en rejoindre une nouvelle. Les loups chassant la nuit, il n'y a rien d'étonnant à ce que la lueur d'une pleine lune soit parfaite pour ces chasseurs… et ces hurleurs nocturnes !

03 « NE BOUGE PAS, C'EST MOI QUI COMMANDE ! »

Il faut être trois pour former une bande, deux suffisent pour créer une hiérarchie. Quand vous avez deux chiens, l'un domine forcément l'autre.

Le dominant est celui qui passe devant lorsqu'il faut marcher en file et remporte les « petites victoires » sur son congénère. Comme on le voit au quotidien, ce sont les « petits durs » qui sont les plus motivés et réussissent le mieux. Mettez en présence un Jack Russell et un Dogue allemand. Il y a de fortes chances pour que ce soit le Jack Russell qui prenne la direction du tandem.

COMMENT PRENDRE LE POUVOIR ?

Les chiots tentent de dominer leurs compagnons de portée en :

- leur sautant dessus ;
- se redressant et s'appuyant sur leurs épaules ;
- s'appuyant sur eux, debout, bien droits – les deux corps formant un T ;
- tournant autour d'eux d'un air menaçant ;
- les mordillant lors d'une attaque simulée ;
- les projetant au sol ;
- leur donnant des petits coups de museau et leur mordillant le museau ;
- pratiquant le chevauchement ;
- montrant les dents ;
- les fixant du regard ;
- leur donnant des coups de patte.

04 « JE VAIS RESTER SAGE – C'EST TOI LE CHEF ! »

Le chien a besoin d'une structure sociale claire pour être heureux. S'il est en bas de la hiérarchie, il n'a pas besoin de lutter pour conserver son statut – il connaît sa place ! Dans une famille humaine, les chiens sont les dominés et acceptent que des enfants plus petits qu'eux occupent une position hiérarchique supérieure, tout comme ils laissent des congénères de plus petite taille les dominer au sein d'une meute.

La situation se complique lorsque le chien se croit le maître des lieux. Ce comportement peut provenir d'une affection et d'une attention excessives de la part du maître. Voyant tous ses vœux exaucés – sorties sur demande, croquettes sur demande, etc. –, l'animal se met à croire que c'est lui qui commande. Il va jusqu'à vouloir décider qui est autorisé à entrer dans telle ou telle pièce et si les adultes ont le droit de s'asseoir à tel ou tel endroit.

COMME UN POISSON DANS L'EAU ?

L'imposant Terre-Neuve est un excellent nageur, aidé par ses pattes palmées. Contrairement au Basset Hound, nul en natation. Avec les deux tiers de son poids à l'avant et ses membres courts, il peut à peine garder la tête hors de l'eau. Si vous emmenez un Basset Hound sur un bateau, emportez-lui un gilet de sauvetage.

05

« VIENS, ON VA BIEN S'AMUSER ! »

Certains humains sont des solitaires dans l'âme, mais pas les chiens qui, eux, ont besoin de compagnie – de préférence celle de congénères ou d'humains, mais parfois celle des chats fait l'affaire. Il n'est donc pas rare de voir des chiens se lier avec d'autres animaux du foyer. Ils adorent être entourés de compagnons de jeux et, tels des enfants soucieux d'attirer l'attention, sont capables d'avoir des comportements extrêmes pour faire réagir leurs « parents » et les inciter à jouer avec eux s'ils se sentent délaissés.

06 « ET UN, ET DEUX, ET TROIS, ET QUATRE ! »

Lorsqu'une chienne met bas, elle sait d'instinct comment couper le cordon ombilical et lécher ses chiots pour leur faire leur toilette. Ce processus de reconnaissance olfactive est un premier lien important. Si la mise bas est difficile et qu'un vétérinaire doit intervenir pour procéder à une césarienne, la chienne peut rejeter ses petits par la suite, surtout s'ils sont trop imprégnés d'odeurs étrangères. L'intervalle entre deux naissances varie de cinq à trente minutes, ce qui laisse juste le temps à la mère de nettoyer un chiot avant l'arrivée du suivant.

LA NATURE NE FAIT PAS DE CADEAU

Lorsqu'une chienne met bas dans la nature et qu'elle sent qu'elle a trop de bouches à nourrir, elle retire les chiots les plus faibles de la portée et les laisse mourir. Si elle ne se sent pas en sécurité à l'endroit de la mise bas, elle transfère le nid dans un lieu plus sûr.

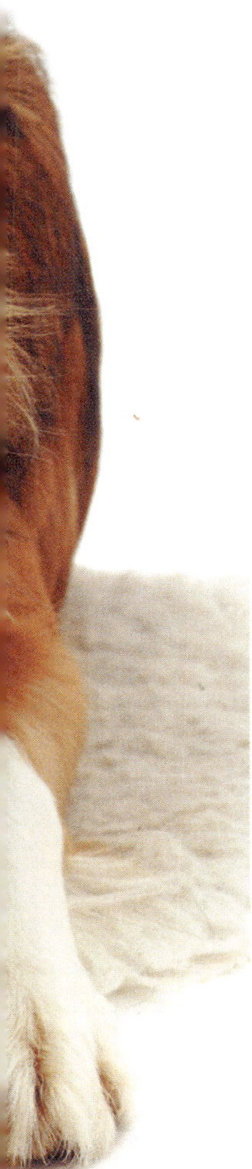

07

« JE SUIS AUX PETITS SOINS POUR VOUS... »

Dès que les chiots sont nés et commencent à téter, la chienne remplit son devoir : garder ses petits et son nid propres. Elle lèche donc minutieusement les chiots pour éliminer leurs excréments et leur urine. Avoir huit petits accrochés à ses mamelles est une belle récompense, mais il faut faire le ménage et nettoyer leurs saletés. C'est une corvée et il faut bien que quelqu'un s'y attelle !

PRENDRE LES RÊNES

La discipline est importante pour veiller à ce qu'un chiot ne fasse pas n'importe quoi. Il est bon de le sortir en laisse et de lui apprendre que c'est à lui de vous suivre et non l'inverse. Et, le plus tôt possible, enseignez-lui les ordres de base – s'asseoir, rester immobile, venir au rappel, se coucher et marcher au pas.

08

« À MOI LA TÉTINE ! »

Les chiots viennent au monde totalement dépendants. Ils sont sourds, aveugles et, en général, affamés. Contrairement aux chatons qui sollicitent une mamelle et s'y tiennent, les chiots sont beaucoup plus exigeants. En matière de tétée, ils n'ont qu'une seule règle : premier arrivé, premier servi. Selon la position de la chienne, toutes ses mamelles peuvent ne pas être suffisamment visibles, ce qui déclenche très tôt chez ses petits l'instinct de compétition et la lutte pour la survie.

UNE FERMETÉ AFFECTUEUSE

La règle d'or dans l'éducation des chiots : leur faire faire quelque chose et les récompenser ensuite. Il faut leur mettre dans la tête que tout se mérite, alors dites-vous que l'amour inconditionnel n'est pas le meilleur outil éducatif ! Une bonne manière d'apprendre au chiot l'ordre « assis ! » est de le faire asseoir juste avant de le nourrir. Il obéit, puis obtient sa récompense. Non seulement vous récompensez sa bonne conduite, mais vous lui montrez que c'est vous le chef.

09 « OUAF ! OUAF !… MAIS JE SAIS PARLER ! »

Les chiots se développent rapidement et, à 3 semaines, sont capables de remuer la queue et d'émettre des jappements proches de l'aboiement. C'est à cet âge qu'ils prennent l'habitude de sortir du nid pour aller uriner et déféquer, ce qui évite à la chienne d'avoir à tout nettoyer. À 4 semaines, ils commencent à se socialiser et à se situer dans leur nouvelle meute. C'est le début des combats ludiques. C'est aussi le moment où les chiots se mettent à imiter leurs parents. Des parents calmes et se comportant comme il faut avec les humains ont donc toutes les chances de produire des chiots calmes.

COMPÉTENCES SOCIALES

La « socialisation » désigne le processus par lequel les chiots apprennent à reconnaître ce qui constitue leur environnement et à communiquer, d'abord avec leurs congénères, puis avec les humains et, éventuellement, quelques chats. En apprenant les règles sociales avec toutes ces créatures, le chien se socialise, c'est-à-dire développe une conscience et des capacités relationnelles. La socialisation aide les chiots à identifier les menaces et à réagir de façon adaptée.

10 « BEURK ! C'EST SALE, FROID ET MOUILLÉ ! »

Les chiots sont souvent séparés de leurs compagnons de portée vers l'âge de 8 semaines, lorsque le lait de leur mère commence à se tarir. Toutefois, ils continuent d'acquérir des compétences sociales importantes durant les semaines suivantes – notamment l'inhibition de la morsure (contrôler ses crocs), les jeux de combat et l'envoi de signaux au reste du groupe – en prenant modèle sur leurs parents et en développant tous les comportements propres à leur race. Les compétences qui n'ont pas été acquises au cours de ces premières semaines peuvent être perdues à jamais et produire un chien adulte éprouvant des difficultés à communiquer. Les âges clés du développement d'un chiot varient d'une race à l'autre. Cette séparation accidentelle (à droite) d'un chiot et de ses compagnons ne fut pas agréable, mais elle fait partie de son apprentissage. Le jeune animal sait désormais qu'il ne peut pas chasser des papillons qui se mettent à voler au-dessus d'un étang.

SORTIR COUVERT

Même si les lecteurs de magazines sur les chiens ne sont souvent pas représentatifs du propriétaire de chien moyen, une étude révèle que plus de 60 % d'entre eux possèdent un tricot, un manteau ou un imperméable pour leur chien.

11 « AÏE ! ÇA FAIT MAL ! »

Apprendre l'inhibition de la morsure est un aspect majeur des jeux entre chiots. Au cours des premières semaines, lorsqu'ils décident que leurs compagnons de portée sont source d'intérêt, ils font leurs expériences en se mordant mutuellement. Les chiots mordus jappent de douleur, stupéfaits, et protestent, ce qui met un terme à la séance de jeu et peut même susciter une réaction de colère et un rappel à l'ordre de leur mère. Les chiots réalisent alors que s'ils contrôlent leurs crocs et se mordent « pour de faux », le jeu peut continuer sans qu'aucun des partenaires ne souffre et proteste.

Les chiots séparés de leurs frères et sœurs et n'ayant pas appris l'inhibition de la morsure risquent de mordre pour de vrai pendant les séances de jeu, d'où des combats entre congénères et d'autres problèmes à gérer par leurs maîtres.

12 « C'EST MOI LE PLUS FORT ! »

À 5 semaines, les chiots ont une bonne vue et se montrent curieux de leur environnement, ce qui leur donne envie d'aller l'explorer (et de mordiller tout ce qu'ils trouvent). Alors que durant les premières semaines c'était leur mère qui exerçait la plus grande influence sur eux, désormais ce sont leurs compagnons de portée qui ont le plus de poids. Les chiots se socialisent et apprennent à remporter de petites victoires les uns sur les autres, chacun s'efforçant de devenir le dominant – au sein du groupe, en tout cas.

13 « COMBIEN DE TEMPS DOIS-JE RESTER LÀ ? »

Même si, entre 7 et 10 semaines, certains chiots ont été séparés de leur « meute » d'origine, ceux qui restent améliorent leurs facultés de communication avec leurs compagnons de portée et connaissent parfaitement leur position hiérarchique au sein du groupe. Il est important qu'un chiot vive des expériences positives avec les humains à partir de 5 semaines, ces premières impressions pouvant durer toute la vie. Les chiots poursuivent l'exploration de leur environnement et découvrent les frontières de leur monde. Ils commencent à s'intéresser aux humains, c'est donc le moment de démarrer leur éducation.

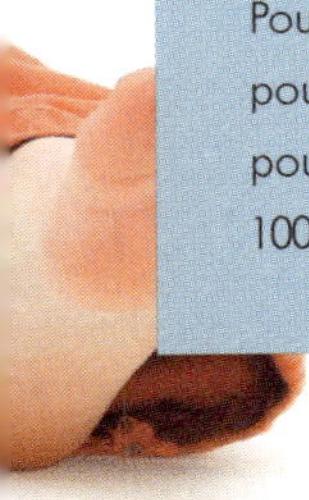

PAS DE CHOCOLAT SURTOUT !

Vous pensiez que c'était une rumeur, mais non, c'est vrai : le chocolat peut tuer les chiens. Pourquoi ? Parce qu'il contient de la théobromine qui, en quantité suffisante, est toxique pour votre compagnon. Certes, il faut une assez grande quantité de théobromine pour provoquer une intoxication, mais il y a en moyenne 155 mg de théobromine dans 100 g de chocolat au lait et plus de 1 g dans la même quantité de chocolat à dessert.

14 « JE POURRAIS PASSER DES HEURES À FAIRE ÇA ! »

La phase de mordillement des objets fait partie du développement des chiots. Le petit animal jette son dévolu sur des chaussures, des gants, des magazines, des jouets – bref, tout ce qui lui « passe sous les dents ». Les gants et les chaussures restent ses objets préférés, ce qui n'a rien d'étonnant ; souvent, ils sont en cuir, coriaces et possèdent une forte odeur – bref, ils sont ce qui ressemble le plus à une proie dans la maison. Les chiots ont besoin de mordiller pour favoriser la sortie de leurs canines adultes à l'âge de 4 mois, et s'ils ne disposent pas d'objets à mâchouiller qui imitent le cuir ou de jouets en caoutchouc, ils vont se rabattre sur autre chose. Les maîtres qui aiment bien que tout soit rangé ont tendance à ne rien laisser traîner, et notamment pas d'objets à moitié mâchouillés. Du coup, les chiots s'en prennent au substitut le plus proche.

L'ARME DE L'IGNORANCE

L'un des meilleurs moyens de traiter un chien qui se comporte mal est de l'ignorer. Par exemple, s'il aboie constamment quand vous rentrez, la solution la plus simple est de quitter la pièce immédiatement. Le chien est un animal social et préfère donc la compagnie à la solitude. Il suffit de le laisser seul quelques minutes, mais pour qu'il retienne la leçon, il faut la répéter plusieurs fois.

15 « J'AI BESOIN DE LAIT ! »

Le sevrage est un processus qui commence entre 3 et 4 semaines. À l'état sauvage, la chienne part chasser, revient et régurgite des aliments à moitié digérés ; dans un environnement domestique, elle va se rendre de moins en moins disponible pour allaiter ses petits. Et même si elle les nourrit, elle va abréger la tétée et finir par se lever et partir – parfois avec ses chiots encore attachés aux mamelles !

À 5 semaines, son lait n'est plus disponible sur demande et elle peut punir un chiot qui ose réclamer à cor et à cri. Les chiots peuvent s'approcher et essayer d'attraper une mamelle lorsque la chienne est debout immobile, mais leurs chances sont maigres et tout dépend de l'humeur de leur mère. Entre 5 et 7 semaines, son lait se tarit peu à peu, mais les humains prennent la relève, à condition que les chiots puissent apprendre le lapement à la place de la succion.

DES PORTÉES MAOUSSES

Il n'y a que dans *Les 101 Dalmatiens* que Pongo et Perdita ont une portée de quinze chiots (tout blancs comme les nouveau-nés de cette race). Une portée compte en moyenne cinq chiots. Certaines peuvent aller jusqu'à vingt individus, et le record est détenu par une chienne Mâtin de Naples avec... vingt-quatre petits !

16

« OÙ EST MA NOURRITURE ? »

Certains traits comportementaux des chiots perdurent à l'âge adulte. Lorsqu'un chien essaie de lécher la bouche d'un humain, c'est pour lui dire : « Tu es ma maman, c'est toi le chef », et l'encourager à régurgiter une nourriture à moitié digérée, comme le faisaient les chiennes vivant à l'état sauvage à leur retour de chasse. Les chiennes domestiques n'ont pas besoin d'aller chasser pour nourrir leurs petits, mais les chiots continuent de lécher la bouche de leur mère pour lui montrer qu'ils ont faim.

17

« C'EST À MOI ! » « NON, À MOI ! »

L'instinct de compétition au sein de la meute est présent très tôt chez les chiots, chacun cherchant à s'imposer. Lorsque les chiots se précipitent pour aller chercher des bâtons qu'on leur lance, ils acquièrent des comportements essentiels. Ils apprennent à communiquer avec leurs compagnons de portée – arriver le premier permet de dire « c'est moi le dominant ! » – et affinent leur instinct de prédateur. À l'état sauvage, les chiots commencent à chasser vers l'âge de 12 semaines. Les habituer à rapporter des bâtons est un excellent moyen de poursuivre cet apprentissage, sans compter qu'il est beaucoup plus facile d'attraper un bâton qu'un lapin vivant ! Une fois que le chiot sait rapporter un bâton, il le fera à l'âge adulte, et avec un plaisir encore plus grand.

18 « J'AI DONNÉ UN NOM À TROIS D'ENTRE EUX. »

Les chiennes, y compris celles qui ont été opérées, souffrent parfois de « grossesses nerveuses », convaincues qu'elles vont bientôt mettre bas. Elles errent sans but dans la maison, refusent de se laisser approcher et s'attardent dans des endroits sombres et isolés. Certaines chiennes en pseudo-gestation vont même jusqu'à produire du lait.

Autre signe d'une « fausse grossesse » : la chienne se met à rassembler des jouets et d'autres objets pour se créer un nid avec des « chiots symboliques ». Les comportementalistes canins recommandent de faire preuve d'une fermeté bienveillante envers la chienne et de lui retirer tous ses « bébés symboliques » dans l'espoir que son comportement cesse. Et, effectivement, tout rentre dans l'ordre au bout d'un moment.

CERVEAU ET INTELLIGENCE

Le chien possédant le cerveau le plus petit par rapport à son corps serait le Lévrier afghan. Les Caniches, les Border Collies et les Golden Retrievers sont considérés comme les chiens les plus intelligents.

19

« IL EST BON, TON LAIT. POURQUOI PARTAGER ? »

Remuer la queue n'est pas toujours un signe de satisfaction. Lorsque les chiots s'alignent contre le flanc de leur mère pour téter, leur mouvement de queue rapide et vigoureux semble dire : « Hourra ! C'est l'heure du repas ! » Toutefois, les chiots ne remuent la queue qu'au bout de plusieurs semaines et davantage en signe de nervosité que de plaisir. Pourquoi ? Parce qu'au cours de leur développement, ils sont pris dans l'agitation des jeux et des hiérarchies sociales qui se mettent en place au sein de la portée. Lorsque c'est l'heure de la tétée, chacun se précipite, impatient d'avoir du lait et, en même temps, anxieux d'avoir soudain à se blottir contre un compagnon de portée qui, quelques secondes auparavant, lui en avait fait voir de toutes les couleurs. Remuer la queue peut aussi être un signe d'incertitude et, chez des chiots qui tètent, ce mouvement révèle un conflit émotionnel – ils veulent du lait, ils sont excités, mais ils auraient préféré ne pas être si près les uns des autres.

20 « SALUT MON POTE ! »

Ce ne sont pas seulement les chiots allaités qui remuent la queue, mais aussi les chiens qui accueillent leur maître, saluent des congénères, manifestent leur envie de jouer, se livrent à des jeux sexuels ou montrent leur agressivité. La plupart des humains sont habitués à être accueillis par des chiens amicaux, socialisés et heureux de les voir et, du coup, associent toujours « remuer la queue » à « dire bonjour ». Or, c'est souvent une joie teintée d'appréhension. Dans l'approche sexuelle, il y a la joie de trouver une partenaire sexuelle en chaleur mêlée à l'incertitude de ce qui va se passer ensuite. Lorsque son maître rentre à la maison, le chien est heureux de retrouver son chef de meute mais se demande si ce dernier ne va pas lui préférer la télé ou les autres petits membres de la meute – les enfants.

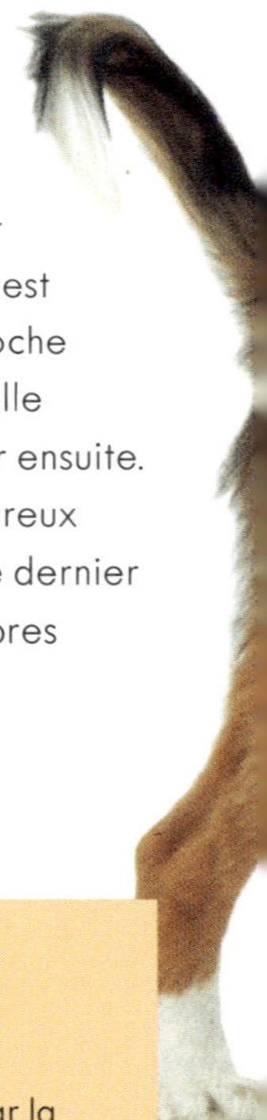

UN DIFFUSEUR NATUREL

Les chiens remuent la queue pour diffuser leur odeur dans l'environnement. Un mouvement de queue vigoureux contribue à propager l'odeur émise par la glande anale jusqu'aux narines de congénères qui, manifestement, apprécient.

21 « L'ATTENTE A ÉTÉ BIEN LONGUE… »

Rester seul et enfermé dans une maison toute la journée est éprouvant pour un chien, mais rester seul sans pouvoir voir ce qui se passe autour est encore pire. Alors que le maître sait qu'il a fermé la porte à clé et que la maison est en sécurité, le chien, lui, l'ignore. De son point de vue, un étranger pourrait entrer à tout moment. Alors si vous devez laisser votre chien seul à la maison, laissez-le accéder à un endroit où il puisse regarder ce qui se passe dehors. La plupart des chiens parviennent à comprendre que leur maison est un lieu sûr où les amis sont autorisés à entrer et où les étrangers restent dehors, mais pas toujours les règles derrière tout cela ; dans sa tête de chien, il peut se demander qui entre, et pourquoi.

CHIOTS SURALIMENTÉS, CHIENS OBÈSES

Les chiens ou les loups en surpoids n'existent pas dans la nature. L'obésité résulte d'un manque d'exercice et d'un excès de nourriture. On estime qu'un chien domestique sur trois est en surpoids, les Labradors et les Cockers étant les plus touchés. Selon une théorie, les chiens sont trop nourris dès leur plus jeune âge et s'attendent donc, à l'âge adulte, à recevoir une certaine quantité de nourriture. Ce « besoin » de trop manger est quasiment impossible à faire disparaître une fois le chien devenu adulte.

22 « JE SUIS SI CONTENT DE TE REVOIR. »

Remuer la queue signale un état d'excitation – positif ou négatif. La queue qui se balance et décrit un arc de cercle dans un mouvement de va-et-vient est le « bonjour » que l'on connaît. La queue qui remue frénétiquement associée à l'envie de sauter sur le maître et de lui donner des coups de langue signifie clairement : « Je suis vraiment content de te voir ! »

LES CHIENS POSSÈDENT-ILS UN SIXIÈME SENS ?

Les chiens ne sont peut-être pas doués de télépathie, mais d'une capacité à entendre des sons éloignés que nous, humains, ne percevons pas – des bruits jusqu'à quatre fois plus éloignés. Un chien reconnaît le bruit de la voiture de son maître ou ses pas lorsqu'il s'approche de la maison, et s'empresse alors de se poster devant la porte d'entrée. Les chiens entendent aussi des sons plus aigus que nous – ceux émis par des chauves-souris ou des rongeurs, par exemple. Enfin, les cas de chiens qui deviennent agités avant un séisme sont nombreux et attestés.

23 « OH ! INTÉRESSANTE CETTE ODEUR. »

Autre manière de saluer son maître – ou, plus globalement, tout animal rencontré : le renifler. Même si la qualité de l'odorat varie d'une race à l'autre, le nez du chien peut être quarante fois plus sensible que celui de l'homme, ce qui lui permet de beaucoup mieux distinguer les odeurs.

Les chiens de chasse et les chiens de détection tels les Springers anglais se dirigent tout droit vers l'entrejambe des humains car c'est l'endroit où leur odeur est la plus intense et la moins masquée par des déodorants, savons et autres parfums. Ces chiens sont éduqués pour réagir aux molécules odorantes et vont droit au but, aussi gênantes qu'en soient les conséquences.

UN FLAIR POUR DÉTECTER DES INSECTES

Les chiens de détection ne sont pas seulement utilisés pour détecter des explosifs et des stupéfiants – leur odorat est si sensible qu'ils peuvent dénicher des nids de bourdons. En Écosse, des Springers anglais ont été chargés de surveiller des nids de bourdons sauvages, une espèce en voie d'extinction sur les îles Hébrides. Ils ont été entraînés à les repérer à l'odeur, mais à ne pas s'en approcher de trop près.

24

« TU SAIS, JE SUIS SÛR QUE JE T'AI DÉJÀ SENTI QUELQUE PART. »

Les chiens se saluent par un rituel immuable : renifler et se laisser renifler. Tandis que les humains se reconnaissent surtout par la vue, les chiens ont besoin de la confirmation de leur odorat. Du coup, les deux animaux s'immobilisent pour remplir cette mission de reconnaissance de la plus haute importance. Connaître l'odeur de congénères les aide à comprendre qui est qui dans le processus de marquage odorant. Lorsque le chien est en promenade, il tombe sur des marquages laissés par des congénères dans le voisinage, ce qui lui permet de savoir qui est passé par là et quand.

Dans la rue, le vent et la pluie estompent l'odeur, mais de près il est beaucoup plus facile d'identifier des congénères. Sur cette photo, le Greyhound semble moins impatient de faire connaissance avec le jeune chien qui l'aborde et qui, lui, va droit au but.

25 « D'HABITUDE ILS NE LA FERMENT PAS À CLÉ. »

Les chiens apprennent par observation. C'est même une obligation, car leur mère a des leçons vitales à leur apprendre. Ils doivent observer ce qu'elle fait et l'imiter. Même si leur aptitude est en partie innée, les Border Collies apprennent leur travail en observant leurs congénères garder les troupeaux de moutons. Pour être capables d'exécuter les tâches observées, les chiens ont besoin d'avoir un cerveau suffisamment développé ; toutefois, ils ne possèdent que la moitié des facultés d'apprentissage des primates. Le chien dressé sur ses pattes sait, pour avoir observé son maître, qu'il suffit de tourner la poignée pour rentrer. Le seul problème, c'est que les deux compères ne s'attendaient pas à ce que la porte soit fermée à clé.

LE VIEILLISSEMENT COMMENCE DANS LE CERVEAU

Il est vrai qu'on n'enseigne pas de nouveaux tours à un vieux chien. En partie parce qu'en vieillissant, son cerveau s'atrophie et pèse moins lourd. Les connexions nerveuses se font moins bien lorsque les cellules nerveuses se contractent. De plus, les messages envoyés le long des parcours nerveux se transmettent moins vite. Dans le système nerveux d'un chien âgé, un ordre transmis par le cerveau peut mettre quatre fois plus de temps à parvenir jusqu'aux muscles.

26 « REGARDE-MOI SI TU L'OSES ! »

Faire baisser les yeux à un rival est une étape majeure à franchir pour obtenir le statut de chien dominant. Ces chiens se connaissent et la confrontation n'est pas aussi musclée qu'elle pourrait l'être s'ils étaient de parfaits étrangers. Le Border Collie tricolore lève la tête et la queue le plus haut possible pour intimider son congénère. Son regard est tellement insoutenable que le chien couleur sable a rompu le contact visuel et regarde au loin. Le Border Collie tient sa petite victoire ! Vous noterez que le chien à sa droite n'est pas sûr de ce qui va se passer et a donc préféré ne pas bouger d'un pouce pour faire passer le message qu'il n'est pas une menace et que les deux autres peuvent continuer leur petit jeu.

NE LAISSEZ PAS VOTRE CHIEN FAIRE SA LOI !

Le problème comportemental majeur chez le chien est l'agressivité. Votre animal se met à croire qu'il est le chien dominant du foyer et, par conséquent, à s'attribuer certains territoires de la maison auxquels il donne accès selon son bon vouloir. La situation dégénère à partir du moment où le maître laisse son animal n'en faire tout le temps qu'à sa tête sous prétexte d'être un gentil maître. Or, les chiens ont besoin de savoir quelle est leur place dans la hiérarchie du foyer – et d'y rester.

27 « OKAY, C'EST PEUT-ÊTRE TOI LE PLUS ENDURANT ! »

Les chiens ne veulent pas risquer de graves blessures en s'engageant dans des combats qu'ils sont incapables de remporter. À cet égard, ils sont beaucoup plus pragmatiques que les humains. Ils se lancent souvent dans des combats ludiques avec des congénères de taille similaire juste pour voir lequel aurait le plus de chance d'avoir le dessus s'ils se battaient « pour de vrai ». Dans cette « fausse » bagarre – généralement à plusieurs –, les chiens peuvent essayer de se chevaucher mutuellement. Ce n'est pas une vraie tentative d'accouplement par un individu qui aurait mal compris les signaux, mais l'occasion de s'entraîner entre partenaires de jeu. Les chiennes font la même chose entre elles pour asseoir leur position hiérarchique.

LE JEU EN VAUT-IL LA CHANDELLE ?

Les combats ne deviennent sérieux que lorsque les enjeux sont élevés. Le chien domestique n'a plus à se battre pour sa nourriture. En revanche, un conflit de territoire ou une lutte pour obtenir le droit de s'accoupler avec une femelle peuvent mettre le feu aux poudres. Même si nos compagnons ont moins de raisons d'être en rivalité, le nombre de chiens élevés pour monter la garde a augmenté leur tendance naturelle à se bagarrer.

28 « FERME-LA, VEUX-TU ? »

Se mordre le museau présente deux aspects dans le monde des chiens comme dans celui des loups. D'abord, il y a le cas du chien dominant qui mord gentiment – ou plutôt mordille – le museau du chien dominé. Notamment la mère qui enserre doucement le museau du chiot effronté pour lui montrer qui dirige ici et affirmer son autorité naturelle. Les chiots de la page 30 tentent de se « défier au museau », tels deux épéistes qui se battent en duel, mais aucun n'est là pour « dévorer » l'autre.

En revanche, le chien qui mord durement le museau de son congénère commet un geste agressif destiné à remettre violemment l'autre à sa place.

POIDS, TAILLE ET ÂGE RECORD

Le chien le plus lourd (et le plus grand) du monde était un Mastiff anglais nommé Zorba. En 1989, Zorba pesait plus de 154 kilos et mesurait 3 mètres du museau à la queue. Quant au chien qui détient le record de longévité, c'était un Berger australien du nom de Bluey. En 1939, Bluey fut euthanasié à l'âge de 29 ans et 5 mois.

29 « JE SUIS LE PLUS GRAND, SOIT IMPRESSIONNÉ ! »

Un chien peut barrer la route à un congénère pour lui montrer que c'est lui qui domine et qui commande. Toutefois, sur la photo, le chien de gauche dépasse en taille celui de droite et n'est pas bloqué du tout. Au contraire, il tente de dominer l'autre en restant debout, la tête au-dessus de son épaule, et en espérant l'impressionner. Cependant, comme ces deux chiens sont issus de la même portée, celui de droite ne prend pas cette attitude trop au sérieux et tourne la tête pour le renifler. Tous les deux ont la queue dressée, en état d'alerte, prêts à passer à l'action si les choses tournaient mal.

ACCEPTER DE JOUER LES RABAT-JOIE

Le meilleur moyen d'empêcher un chien d'adopter une position dominante et agressive au sein du foyer est de le remarquer le plus tôt possible. Lorsqu'il n'est encore qu'un chiot, vous devez lui montrer qui est le chef. Cela signifie le nourrir quand vous le décidez – et non sur commande – et être capable de prendre des décisions arbitraires sur son environnement – par exemple, en lui retirant ses jouets, puis en les lui rendant. Enfin, n'autorisez jamais votre chiot à se laisser aller à des comportements agressifs comme vous donner des petits coups de dent ou vous chevaucher. Certains maîtres ont du mal à accepter de jouer les trouble-fête, mais c'est nécessaire.

30 « REGARDE COMME JE SUIS UN CHASSEUR PUISSANT ET FÉROCE ! »

Autre comportement canin qui peut ne pas être pris au sérieux : la menace d'attaque. L'un des deux chiens s'accroupit comme s'il était sur le point d'attaquer. En les regardant, vous pensez qu'ils sont en train de jouer, alors que l'un dit : « Fais gaffe, c'est ce qui peut t'arriver si tu ne fais pas attention ! » Le chien dominant s'accroupit, prêt à sauter sur l'autre, mais ne va pas au bout de son attaque et se contente de simuler un mouvement en avant en guise d'intimidation. Ainsi, il signale clairement qu'il sait se battre et en serait capable si on le provoquait.

PRUDENCE, LES ENFANTS !

Les chiens peuvent se montrer agressifs lorsqu'ils ont peur. Les chiots qui n'ont pas été correctement socialisés et qui n'ont pas côtoyé suffisamment d'enfants ou d'adultes peuvent se révéler très craintifs face à cette « nouvelle espèce étrange ». Si les enfants se font mordre si souvent, c'est parce qu'ils n'ont pas appris à décoder les signaux d'un chien qui a peur et qui est sur ses gardes ; ils partent du principe qu'il va être aussi affectueux et joueur que le dernier toutou qu'ils ont rencontré.

31 « SALUT ! ET SENS-MOI UN PEU ÇA ! »

Un chien avec la queue dressée est plein d'assurance et potentiellement agressif. Il veut que le monde entier connaisse son odeur. Il est vigilant et prêt à l'action, notamment à défier un congénère. On a rarement vu un chien la queue dressée en l'absence d'un congénère à impressionner. Souvent, il se redresse, l'encolure en extension, et se fait aussi grand que possible pour en imposer. L'étape suivante consiste à hérisser ses poils dorsaux pour se donner une allure vraiment impressionnante !

Ces deux chiens ont la queue dressée et se rencontrent sur un pied d'égalité. Même s'ils ont établi un contact visuel direct, ils vont rapidement se mettre d'accord pour aller renifler d'autres zones plus gratifiantes.

DES PETITS ÉLÉMENTS PERTURBATEURS

Si les chiens redoutent les enfants, c'est principalement parce que ces derniers sont excitables et ont des mouvements imprévisibles. Ils peuvent aussi leur garder rancune. S'ils ont été punis d'avoir eu un jour une réaction inadaptée et inacceptable à l'égard d'un enfant, ils associent les bambins à la peur d'une nouvelle réprimande et se mettent à les considérer ni plus ni moins comme des éléments perturbateurs.

32 « MOI D'ABORD, MOI D'ABORD ! »

Les chiens aiment arriver les premiers – tels des frères et sœurs qui se chamaillent – et choisir leur place. Les individus conscients de leur position hiérarchique adorent remporter des petites victoires sur leurs rivaux au sein de la meute – qu'elle soit constituée de congénères ou d'humains.

Laisser votre compagnon être toujours le premier peut lui faire prendre la grosse tête. En promenade, lorsqu'il tire sur sa laisse ou

s'arrête pour déchiffrer tous les messages odorants présents sur une bouche d'incendie ou un arbre, vous devez lui montrer qui commande et lui rappeler les bonnes manières.

Dans la nature, un loup peut exercer son autorité en contrôlant les déplacements des autres membres de la meute. À la maison, le chien peut bloquer le passage à des membres de sa famille – ou, des congénères. Même si, à première vue, c'est un jeu, en réalité l'animal tente de remporter ces petites victoires qui le font grimper dans la hiérarchie. Il est plus facile pour lui de s'imposer dans une meute en relevant de modestes défis les uns après les autres qu'en risquant une confrontation directe où il peut être blessé ou humilié devant les autres. Les maîtres sous-estiment souvent l'importance de ces défis assez insignifiants en apparence.

LE CONTACT PRÉCOCE AVEC D'AUTRES ESPÈCES ANIMALES

Le meilleur moyen d'apprendre à votre chien à ne pas attaquer un autre animal est de le mettre en contact avec celui-ci dès son plus jeune âge. Les chiens élevés avec des chats et des lapins les pourchassent rarement. Les bergers appliquent la même technique. Ils apprennent à leurs chiens à se montrer agressifs quand il le faut pour faire avancer les moutons et les brebis en les bousculant un peu, mais sans attaquer les bêtes. Les Border Collies sont élevés en contact étroit avec le troupeau.

33 « JE SUIS TOUT DOUX, REGARDE ! »

Ce chiot s'est roulé sur le dos et, aux yeux de son entourage, n'attend qu'une chose : qu'on lui caresse le ventre. Il peut, en effet, mais ce n'est pas la raison pour laquelle il est sur le dos. En s'exposant ainsi, le ventre à l'air, il montre qu'il est vulnérable et ne représente pas de menace. Il réalise un acte de soumission typique appris au milieu de ses compagnons de portée.
Les chiens utilisent ce comportement pour s'extraire d'une situation où ils sentent l'imminence d'une attaque. Ici, le chiot se soumet à l'autorité de sa mère qui en profite pour le renifler et voir si tout va bien.

À la maison, le maître ne va pas attaquer son animal, mais il peut le réprimander pour un écart de conduite. En se roulant sur le dos comme un chiot, le chien montre alors qu'il est sans défense et accepte sans discuter la domination de son maître.

UNE PANOPLIE D'ACTES DE SOUMISSION

Tous les actes de soumission sont présents chez le chiot : fourrer sa queue entre ses pattes, détourner les yeux, se rouler sur le dos, rester allongé sur le flanc, uriner et s'immobiliser pendant que l'agresseur tourne autour de lui.

34

« TU ES VRAIMENT LE PLUS FORT ! »

Se rouler sur le dos pour montrer sa soumission à un chien dominant qui s'est approché, c'est parfait, mais comment le chien dominé approche-t-il un chien dominant ? Comment fait-il pour lui faire savoir qu'il accepte son statut ? Marcher directement vers le chien dominant pourrait être perçu comme une menace, alors comment agiter le drapeau blanc et lui montrer sa soumission ? Par des attitudes de chiot. Les chiots réclament leur nourriture en sautant vers la bouche de leur mère pour la lécher. Le chien dominé fait la même chose en s'accroupissant, puis en se redressant pour tenter un coup de langue sur le museau du dominant, histoire de lui prouver qu'il est bien inoffensif et conscient de son statut inférieur.

35 « JE NE SUIS PAS PLUS FORT QUE TOI. »

Autre acte de soumission souvent mal interprété : la patte levée.

Lorsqu'un chien lève sa patte d'instinct, il n'essaie pas de dire : « Bonjour, enchanté ! » (Le nez dans l'entrejambe peut jouer ce rôle.) Non. La patte levée est une attitude de soumission. Les chiens le font entre eux, pas seulement avec leur maître ou les membres de leur famille. Si, en plus de lever la patte, l'animal baisse les yeux et la tête, sa soumission est encore plus manifeste.

LA BONNE MANIÈRE DE PUNIR

En matière d'éducation, les punitions physiques ne devraient jamais être nécessaires, le maître disposant de toutes sortes d'outils psychologiques. Vous pouvez réprimander une mauvaise conduite en fixant des yeux votre chien et en lui faisant savoir qu'il est un « mauvais chien » ! Les chiens sachant déchiffrer le langage corporel des humains, votre compagnon va comprendre le message. S'il vous répond en détournant les yeux, ce n'est pas parce qu'il n'écoute pas, mais parce qu'il a compris.

36 « S'IL TE PLAÎT, NE ME FAIS PAS MAL, J'AI PEUR ! »

Tout le monde connaît l'expression « Il est reparti la queue entre les jambes » pour désigner un perdant qui n'a pas seulement été battu, mais qui a été battu à plate couture et s'est retiré presque honteux. La queue entre les jambes chez le chien est une attitude de soumission destinée à montrer aux autres membres de la meute qu'il ne menace personne et qu'il occupe une position de dominé. En baissant sa queue, il recouvre ses glandes anales qui, d'ordinaire, diffusent des messages odorants autour de lui, empêchant ainsi ses congénères de le renifler pour avoir sa carte d'identité. C'est l'équivalent d'une personne quittant un tribunal couverte de honte après avoir été reconnue coupable et dissimulant son visage aux caméras.

SIGNE DE RESPECT OU DÉCLARATION DE GUERRE

Dans les meutes de loups, lever et baisser la queue font partie de la vie sociale. Les individus baissent la queue lorsqu'ils sont avec le chef de meute – la garder levée serait source de conflit.

37 « C'EST ÉTRANGE ET JE N'AIME PAS ÇA ! »

En aboyant, le chien dit : « Quelque chose ne tourne pas rond » ou « Attention ! J'ai détecté quelque chose de suspect ». Les chiens peuvent aboyer pour de multiples raisons. Lorsqu'il se méfie d'étrangers, votre compagnon aboie pour appeler des renforts et effrayer les intrus, en général avec une série d'aboiements brefs, aigus et pressants, et en se précipitant en avant.

Bien sûr, si cette première tentative ne fonctionne pas, il va faire marche arrière, puis faire une seconde tentative d'intimidation. Car c'est bien d'intimidation qu'il s'agit. Purement du bluff ! Un chien qui aboie ne va pas attaquer, car s'il avait décidé d'attaquer, il resterait silencieux.

C'EST DU LARD OU DU COCHON ?

Lorsqu'un chien ouvre la bouche et découvre ses dents, ce n'est pas toujours pour ne faire qu'une bouchée de votre jambe ! Le « sourire » du chien est l'équivalent chez l'homme d'un sourire jusqu'aux oreilles, mais parce qu'il ne peut pas sourire la bouche fermée, il est obligé de retrousser ses babines, prenant alors un air menaçant. Pour savoir si votre chien sourit ou n'est pas content, observez sa posture corporelle et son regard. Le sourire est silencieux et associé à un corps détendu. En fait, c'est comme un halètement mais sans la respiration accélérée.

38 « JE NE COMPTE PAS ? »

Les chiens de petite taille ont souvent des aboiements haut perchés, proches du jappement. Et parce qu'ils sont essentiellement des chiens de compagnie – contrairement aux chiens de grande taille qui gardent, chassent, pistent ou restent à l'extérieur de la maison –, ils attendent beaucoup des contacts humains. Alors ils aboient pour attirer l'attention, tels des enfants qui n'obtiennent pas ce qu'ils veulent.
Le message est toujours le même : « Quelque chose ne va pas. » Dans leur cas, c'est simplement l'impression d'être négligés ou ignorés.

Pour souligner son besoin d'attention, le chiot de la photo se dresse sur ses pattes arrière dans l'espoir d'établir un contact visuel avec une personne beaucoup plus grande que lui. Et il a appris que cette attitude de « mendiant » suscite généralement une réaction positive chez ses maîtres.

DE VINGT À SEPT CENTS RACES

Visiblement, on ne comptait pas plus de vingt races canines en Europe au Moyen Âge. La multiplication rapide des races depuis lors est le fruit d'importations du monde entier et d'un élevage sélectif intensif, les éleveurs cherchant à obtenir le chien parfaitement adapté à telle ou telle fonction précise.

39 « DE QUEL CÔTÉ M'A-T-IL DIT D'ALLER ? »

Les chiens utilisés pour garder les troupeaux de moutons ont une capacité hors du commun à rassembler les bêtes et à réagir aux signaux sonores émis par le berger. La plupart des chiens apprennent beaucoup plus vite des ordres verbaux si ces derniers sont accompagnés de signaux gestuels ou de petits « coups de pouce » physiques. Les ordres « assis ! », « couché ! » et « au pied ! » sont à la base des cours d'éducation canine. Avec l'expérience, le chien va apprendre à réagir à l'ordre verbal sans avoir besoin du signal gestuel. Les chiots peuvent être éduqués à partir de 8 semaines. Les maîtres doivent veiller à donner des ordres fermes et cohérents ne laissant aucun doute au chiot sur ce qui lui est demandé de faire.

LE TOP 10 DES CHIENS LES PLUS APPRÉCIÉS DES FRANÇAIS

Les races les plus populaires en France en 2017 sont le Berger belge, le Berger australien, le Berger allemand, le Staffordshire Bull-Terrier, le Golden Retriever, l'American Staffordshire Terrier, le Labrador Retriever, le Chihuahua, le Cavalier King Charles et le Bouledogue français.

40 « WAOUH ! JE FAIS PEUR ! »

Les chiens vont plutôt essayer de faire peur à des congénères pour les décourager d'attaquer qu'à s'engager dans un combat qu'ils pourraient perdre – c'est pourquoi le grognement est utilisé pour dire : « Prends garde ! » En général, il existe deux stades d'avertissement avant qu'une attaque soit lancée. D'abord, le chien aboie pour dire : « Je ne t'aime pas », « C'est bizarre », « Où est mon maître ? ».

Si cette première tentative est vaine, le chien passe au grognement pour dire : « Je pourrais t'attaquer à tout moment, alors recule-toi tout de suite. » Le chien peut aussi grogner pour signifier aux humains qu'il a eu largement sa dose de contact, qu'ils touchent un endroit douloureux, ou qu'ils le rendent anxieux par leur proximité.

LES CHIENS DES PRÉSIDENTS

Tous les présidents de la France, ou presque, ont eu des animaux de compagnie durant leur mandat, et des chiens pour la plupart. On se souvient de Valéry Giscard d'Estaing et de son Braque de Weimar Jugurtha, de François Mitterrand avec Baltique, une chienne Labrador noire, de Jacques Chirac et de son petit Bichon maltais Sumo, de Nicolas Sarkozy et son épouse, une femelle Labrador, et de François Hollande avec Philae, une femelle Labrador noire. Quant à Emmanuel Macron, il a adopté un Labrador noir croisé Griffon dans un refuge de la SPA et l'a baptisé Némo.

41

« J'AI DES DENTS TRÈS AIGUISÉES ET JE N'AI PAS PEUR DE M'EN SERVIR. »

Le regard est fixe et implacable. Les babines sont retroussées pour laisser voir des dents qui peuvent être utilisées à tout moment. Après le bluff, voici venu le temps de la menace réelle. L'un des deux chiens se prépare au combat : une démonstration de force qui ne laisse la place à aucun retour en arrière. Les chiens qui grognent en montrant les dents en viennent généralement au combat s'ils peuvent s'atteindre. Les humains peuvent battre en retraite devant un chien prêt à l'attaque, mais à condition que ce soit de façon claire et nette. Sinon, le chien peut interpréter ce mouvement comme une attaque sournoise. Procédez avec calme et fermeté.

42

« C'EST À MOI. »

Les chiens ont une certaine façon de vous regarder droit dans les yeux comme pour vous dire : « Lâche-moi les baskets, ce jouet est à moi ! » Ce n'est pas une réaction aussi extrême que le grognement et les babines retroussées pour accaparer un os. Approchez un chien qui manipule un joli jouet ou un objet qu'il apprécie particulièrement, et il va s'immobiliser en vous jetant le regard qui signifie simplement : « C'est à moi. »

LA PEUR DU VÉTÉRINAIRE

Une réaction de peur durable chez un chien peut devenir une phobie et doit être traitée par un comportementaliste canin expérimenté. Les chiens peuvent développer des phobies à tout ce qui, au quotidien, leur fait peur. Une phobie difficile à guérir est celle de la peur du vétérinaire. Pourquoi ? Parce que le vétérinaire est associé à la douleur, des lumières vives et le maintien dans une position inconfortable, sans compter les odeurs et les bruits bizarres du cabinet lui-même. Une première visite pour des soins très doux ou juste pour faire les présentations est un bon moyen de soulager l'anxiété de futures visites.

43 « C'EST BEAUCOUP TROP INTÉRESSANT POUR RESTER DANS LA POUBELLE ! »

À l'état sauvage, les chiens chassent en meute des proies imposantes, chassent en solitaire de petites proies ou tentent de récupérer des restes laissés par les humains. Le chien domestique est nourri une à deux fois par jour, et l'obésité le guette davantage que la sous-alimentation. Cela ne l'empêche pas de jouer les prédateurs et les charognards par plaisir et par atavisme, car le chien qui essaie de récupérer quelque chose dans la poubelle réagit à une pulsion ancestrale. Comme le chat d'ailleurs, il est attiré par ce qui titille son odorat et ne résiste pas à l'appel de la nourriture.

TOUT EST BON À MANGER, OU PRESQUE

Si les chiens se contentent d'aliments au goût douteux, c'est en raison de leurs bourgeons gustatifs beaucoup moins exigeants que les nôtres. Tandis que les humains en possèdent environ 9 000, les chiens en comptent moins de 2 000.

44 « JE PEUX EN AVOIR ENCORE ? »

L'horaire des repas joue un rôle dans le besoin éprouvé par le chien de faire les poubelles. Même des animaux aussi petits que les poissons s'habituent à être nourris à heures fixes. En raison de leurs emplois du temps souvent très chargés, les propriétaires d'animaux de compagnie ne sont pas chez eux tous les jours à la même heure. Si le chien a des doutes quant à l'heure de son prochain repas, il aura davantage tendance à aller fouiller dans la poubelle ou à voler la nourriture de congénères. Par ce comportement, il dit à son maître : « Tu ne m'en as pas donné assez » ou « Je ne suis pas sûr d'être nourri ce soir ».

LA COMPÉTITION STIMULE L'APPÉTIT

Les chiens mangent vite tout seuls, mais encore plus vite en groupe. Leur instinct de compétition les pousse à se dépêcher d'obtenir des ressources convoitées par d'autres. Nourrir des chiens en groupe peut donc les inciter à manger plus que d'habitude. Les vétérinaires utilisent cette stratégie pour stimuler l'intérêt pour la nourriture de chiens qui refusent de manger. De même, introduire un nouveau poisson vorace dans un aquarium crée une compétition et peut encourager les autres à manger davantage.

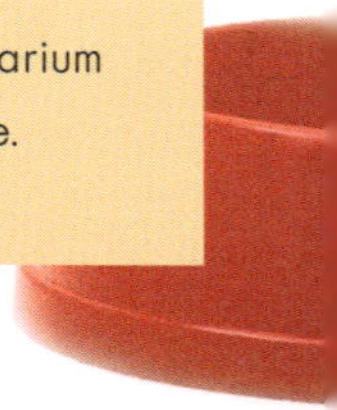

45

« C'EST MON OS – ET C'EST LA LOI ! »

Les chiens peuvent se montrer très possessifs envers des os ou de grosses bouchées de viande qu'ils ont « gagnés ». Même ceux qui ont pourtant une bonne nature peuvent grogner et montrer les dents à l'approche d'un congénère susceptible de leur voler leur butin – une friandise à mâcher à la viande ou un gros os bien juteux.

Cette possessivité remonte en partie au comportement de meute de leur ancêtre le loup. Dans les meutes de loups, si l'un des dominés capture un bon bout de viande pour lui, les dominants ou le chef de meute ne vont pas le lui confisquer. De même, les chiens sont convaincus que lorsqu'ils obtiennent quelque chose, c'est à eux – c'est la loi – et vont même défendre leur trésor face à des congénères dont ils auraient normalement peur.

46 « POUR PLUS TARD. »

Les chiens consomment sans problème de la viande en décomposition. Le plus drôle, c'est que les plus gâtés se voient offrir les meilleurs morceaux par leurs maîtres, alors qu'ils seraient tout aussi contents avec un morceau de viande avariée. (Même si, évidemment, l'hygiène dentaire pâtit de cette situation – quel maître aurait envie d'être accueilli par un bon coup de langue bien baveux vingt minutes après que son compagnon eut fini de dévorer la moitié d'un lapin en décomposition ?)

Face à une nourriture surabondante, les chiens essaient parfois de cacher le surplus, comme le faisaient leurs ancêtres les loups. Cela implique de trouver l'endroit adéquat. Il ne faut pas y voir un échec éducatif, mais simplement la persistance du loup en lui. Pourquoi les chiens enterrent-ils souvent des os ou des friandises ? Parce qu'il est quasiment impossible d'enterrer chaque petite croquette ou bouchée de viande en conserve !

DE L'HERBE À CHIEN ?

Pourquoi les chiens mangent-ils de l'herbe, comme les chats d'ailleurs ? On ne le sait pas vraiment. Certains pour se faire vomir – même s'ils ne sont pas aussi sujets aux boules de poils que les félins. D'autres mâchent des herbes pour le simple plaisir de mâcher et parce qu'elles se trouvent là, sous leur nez. Mais s'ils ont le choix entre des herbes et un objet à mâcher, il n'y a pas photo !

47

« C'EST L'HEURE DE JOUER ! »

Le signal d'invitation au jeu lancé par le chien est l'un des plus faciles à reconnaître. C'est ce qu'on appelle la « révérence ludique » : l'animal fléchit ses membres antérieurs, pattes et coudes en appui au sol, et relève l'arrière-train, comme s'il faisait une révérence. Les chiens utilisent cette technique avec leurs congénères et leur famille humaine pour leur faire comprendre qu'il est d'humeur joyeuse et n'attend qu'une chose : jouer.

FAIT POUR VOIR DE LOIN, VOIR LARGE ET PERCEVOIR LE MOUVEMENT

Les chiens ont une très bonne vue de loin, une mauvaise vue de près, une excellente perception du mouvement et une vision périphérique extraordinaire. Cela explique pourquoi ils repèrent si bien des choses de très loin mais passent à côté d'une balle immobile juste sous leur nez.

48 « JE VAIS L'ATTRAPER ! »

Autre signal ludique facile à identifier : le jouet, en général une balle, ou le bâton déposé au pied du maître dans l'espoir qu'il lui lance. Après avoir « déposé son offrande », le chien se recule de deux ou trois pas, les yeux fixés sur l'objet avec une intention qui ne laisse aucun doute. C'est un comportement acquis classique, même s'il arrive au maître de mal l'interpréter, croyant que son chien veut courir après le jouet alors qu'il

veut en découdre. Dans ce cas, au lieu de laisser son maître ramasser l'objet, le chien veut le reprendre et simuler le combat ludique des chiots où celui qui attrapait le bâton pouvait prétendre au statut de dominant. À l'âge adulte, c'est juste pour s'amuser, mais si le chien garde jalousement son jouet et refuse de le donner à son maître malgré toutes les tentatives de ce dernier pour le lui reprendre, il s'agit d'une petite victoire, l'animal se prenant pour le chef de sa meute humaine.

49

« LAISSE-MOI Y ALLER ! »

L'instinct de prédateur n'est jamais bien loin chez le chien, et alors que les chats ne vont jamais se fatiguer à courir à moins d'y être obligés, les canidés sont toujours disposés à piquer un sprint et prendre en chasse ! Un problème se pose s'ils ne peuvent pas s'empêcher de courir après les joggeurs ou les cyclistes. Mais il y a plus grave s'ils pourchassent le bétail. C'est pourquoi les maîtres doivent toujours les tenir en laisse à proximité d'un troupeau. Deux chiens ensemble s'enhardissent et tentent des choses qu'ils ne feraient pas seuls. Le promeneur de chiens professionnel qui sort les toutous dans la campagne voisine avec cinq laisses à la main peut donc rencontrer quelques soucis lorsque l'un de ces charmants canidés veut soudain… charger !

50

« C'EST QUOI CE TRUC DERRIÈRE MOI ? »

Les chiens qui courent après leur queue manifestent le symptôme d'une stimulation insuffisante. Ils s'ennuient. Ce qui ressemble à un trait de comportement amusant peut être un signe préoccupant. Le chien ne s'amuse pas du tout. Il se dit : « C'est quoi ce truc derrière moi ? Il est encore là ! Oh ! Le revoilà ! » Lorsque votre compagnon court après sa queue, c'est pour vous avertir en disant : « Je m'ennuie, voilà où j'en suis réduit ! »

Certains maîtres pensent que leur chien est juste un peu fou. En effet, rendu dingue par le manque de stimulation et d'exercice ! N'oubliez jamais que c'est un animal qui a un besoin vital de faire de l'exercice et d'être stimulé.

UNE MUSE… CANINE ?

William Shakespeare était un amoureux des chiens et certainement un grand admirateur du Basset Hound. Le seul chien qui apparaisse dans l'une de ses pièces est Crab, avec un rôle dans *Les Deux Gentilshommes de Vérone*.

51 « VIENS, FAIS-MOI UNE PASSE, JE SUIS PRÊT ! »

Les enfants et les chiens ont de nombreux points communs, dont un surplus d'énergie à dépenser. Il est donc naturel que le chien domestique participe à toutes sortes de jeux de poursuite avec les enfants, que ce soit dans un parc ou dans le jardin de la maison. Toutefois, certains enfants peuvent avoir peur des chiens. Il est donc important que celui-ci sache qu'il peut initier des jeux de poursuite avec les enfants de sa propre « meute », mais que d'autres enfants peuvent ne pas être aussi enthousiastes. Se contenter de lancer des jouets que le chien rapporte permet d'éviter des problèmes – même si les chiens adorent courir après un frisbee dès qu'ils voient des enfants jouer avec dans un parc.

STATISTIQUES CANINES

L'Hexagone compte environ 7 millions de chiens. La population canine tend globalement à diminuer, mais le nombre de chiens de race augmente. En 2017, le LOF *(Livre des origines français)* a battu tous les records avec 235 312 inscriptions. Preuve que les Français choisissent en priorité des chiens à pedigree.

SPORT

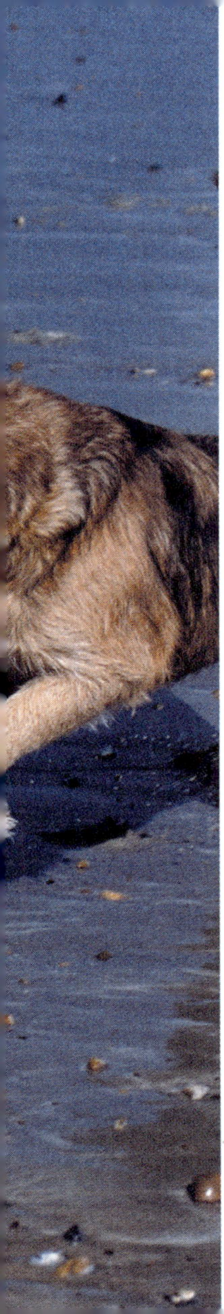

52

« TU NE VAS PAS GAGNER CETTE FOIS ! »

Les chiens adorent aussi se livrer à des jeux de poursuite entre eux. Alors qu'ils savent qu'ils ne sont pas autorisés à initier des jeux de poursuite avec des enfants d'une « autre meute », ils décèlent tout de suite si l'un de leurs congénères est disposé à jouer, surtout face à une révérence ludique exécutée à la perfection ! On estime que 98 % des chiens ne dépensent pas chaque jour toute la réserve d'énergie dont ils disposent.

VISION NI MEILLEURE NI MOINS BONNE, DIFFÉRENTE

La vue du chien est différente de la nôtre. Nous voyons des images plus nettes, mais les chiens distinguent mieux le mouvement. De plus, nos compagnons perçoivent moins bien les couleurs que nous mais, en revanche, possèdent une bien meilleure vision crépusculaire. Leur champ visuel est de 250 degrés contre 180 chez l'homme.

53

« TOI, JE VAIS TE TUER ! »

Autre différence entre le chat, enclin à s'économiser, et le chien, qui court toute la journée : leur comportement lorsqu'ils capturent une proie. Alors que le chat a tendance à jouer avec pour faire durer le plaisir, le chien lui épargne une certaine souffrance en la tuant rapidement. Lorsqu'un chien saisit dans sa mâchoire un jouet en caoutchouc, puis lui imprime un mouvement de torsion et le secoue, il répète ce qu'il ferait en situation réelle s'il capturait un lapin ou un oiseau. En Europe, ceux qui pratiquent la chasse au renard et au lièvre sont témoins de cet aboutissement de l'instinct de prédateur du chien au moment où ce dernier ramasse le renard et le secoue. C'est la raison pour laquelle donner des substituts de proie aux chiens de chasse entretient leur atavisme. Bien qu'au XXIe siècle beaucoup de gens soient hostiles à l'idée de chasser pour le plaisir, les Terriers qui chassent la vermine continuent d'être jugés essentiels. Donner aux chiots de cette race toute une panoplie de jouets en caoutchouc qui couinent pour qu'ils s'entraînent à les « tuer » contribue à renforcer les muscles de leur cou et de leurs mâchoires s'ils sont amenés à chasser un jour « pour de vrai ».

54

« PEU IMPORTE QUE CE JOUET NE SOIT PAS FOURRÉ À LA VIANDE – MES DENTS L'ADORENT ! »

Une fois qu'il a tué son jouet qui couine, le chien le dépèce. Dans la nature, les loups et les chiens de meute dévorent leur proie pour se nourrir. Le chien domestique, lui, est servi à tous les repas, alors il s'amuse à mâchouiller sa « capture ». Là encore, c'est son instinct de prédateur qui lui dit d'entretenir ses mâchoires et sa dentition. Et même s'il peut se sentir coupable de mordiller un objet qui traînait dans la maison ou dans la cour, c'est le sien – il l'a gagné. Les humains adorent faire éclater les emballages à bulles, les chiens mâchonner à longueur de journée. À quoi bon avoir des mâchoires capables de détacher la viande des os si l'on passe son temps à croquer des biscuits ?

Attention ! Veillez à ce que le jouet que vous donnez à votre chien soit trop gros pour être avalé.

55 « OH ! TU M'AS FAIT SURSAUTER ! »

Les jeux entre chiots ne servent pas toujours à faire élire le chef de meute, mais contribuent parfois à parfaire les capacités physiques – course, saut, coordination des mouvements – et les compétences sociales des jeunes chiens. Les partenaires de jeu découvrent qui est le plus fort ou le plus têtu, qui est la tête de turc, qui est résistant mentalement et qui adopte un comportement de soumission au premier signe d'agression. Les combats ludiques

peuvent n'être que des jeux, mais ils comportent des enjeux très tôt. La hiérarchie au sein d'une meute de loups ou de chiens sauvages change lorsque les dominants avancent en âge et sont menacés dans leur pouvoir par des outsiders qui finissent par les remplacer, mais cela n'empêche pas les chiens de monter et descendre dans l'échelle sociale de leur groupe même s'ils ne recherchent pas le statut de leader.

56

« ALLEZ, C'EST À TON TOUR D'ATTAQUER ! »

Les chiens qui n'ont pas appris à jouer peuvent être difficiles à gérer. Les jeunes chiens peuvent aussi être trop effrayés à l'idée de se joindre aux autres et les chiens plus âgés jouent alors les éducateurs en adoptant des stratégies destinées à les pousser à se mêler à la bonne ambiance générale. Un chien adulte dominant qui exécute délibérément et ouvertement un acte de soumission, par exemple

CE SERA MON HÉRITIER !

Un sondage de l'*American Animal Hospital Association* a révélé des statistiques intéressantes sur la relation quasi fusionnelle qui peut exister entre le chien et son maître. 70 % des maîtres ajoutent le nom de leur chien à côté de leur signature sur les cartes de vœux et 33 % parlent à leur chien au téléphone. Aux États-Unis, on estime à un million le nombre de chiens désignés comme légataires sur le testament de leur maître.

se rouler au sol, peut mettre à l'aise les plus jeunes. De même, des chiens de petite taille hésitent à jouer avec un congénère de plus grande taille, craignant d'avoir mal interprété ses signaux. C'est alors au gros chien de montrer très clairement que c'est pour jouer. Les grands Lévriers irlandais doivent faire pas mal de roulades pour lancer la partie de jeu !

57 « SOYONS FOUS ! »

Autre signal d'invitation au jeu : jouer les derviches tourneurs. Le chien se met à bondir dans l'herbe, à sauter, à tourner en l'air, à gambader partout, comme s'il devenait fou. Toutefois, ses petits aboiements de plaisir et la joie franche qu'il manifeste montrent clairement qu'il est tout excité d'être dehors, à l'air libre. Ce genre de spectacle est généralement exécuté par des chiens énergiques restés trop longtemps enfermés. Certaines personnes croient qu'un chien s'agite parce qu'il a des puces ou d'autres parasites, mais pas du tout.

Les chasseurs utilisaient autrefois des « appelants pour les canards » – des chiens dont la mission consistait à exécuter une danse destinée à attirer l'attention des canards sauvages. Intrigués, les volatiles se rassemblaient et s'approchaient, facilitant le tir des chasseurs.

DES VACHES FOLLES ?

Les vaches exécutent une version plus calme de ces « bondissements » de joie lorsqu'elles sortent dans les prés pour la première fois de l'année après être restées enfermées tout l'hiver.

58 « TOUJOURS PLUS PROFOND ! »

Les chiens creusent le sol pour quatre raisons : dissimuler de la nourriture, découvrir une proie, s'échapper ou le simple plaisir de creuser.

Ils ne craignent pas que leur nourriture soit sale – leurs sucs digestifs sont assez puissants pour y faire face. Leur besoin de cacher de la nourriture vient de leur désir de contrôler leurs ressources alimentaires. Comme pour les cachettes des écureuils : la plupart des aliments ne sont pas déterrés et récupérés.

Les chiens préfèrent enterrer leur nourriture sans personne autour, ce qui n'a rien d'étonnant. S'ils sont interrompus dans leur action, ils s'arrêtent, puis reprennent dès qu'il n'y a plus personne. Ils ne réalisent pas que le monticule de terre au milieu d'un beau gazon bien entretenu a toutes les chances de les trahir. Ils enterrent aussi des balles et des jouets.

Le chien sur la photo creuse pour son plaisir et se rafraîchir. Grâce à la sensibilité de ses pattes, il a compris que la couche de galets sous la surface est plus fraîche, ce qui l'incite à se relaxer sur les pierres humides qu'il vient de déterrer.

LES MÂLES PLUS GRAISSEUX QUE LES FEMELLES !

Les chiens mâles ont une plus forte proportion de graisses corporelles que les femelles. Mangeraient-ils davantage que les chiennes ? Oui !

59 « JE PRATIQUE, C'EST TOUT. »

L'une des races canines les plus populaires aux États-Unis est le Teckel, élevé pour déterrer les blaireaux. Toutefois, bien d'autres races chassent des proies, par exemple des lapins, dans leur terrier ou font sortir des petits mammifères que les humains élimineront ensuite. Des propriétaires de Terriers ont même vu leur animal creuser et fourrer leur museau dans une terre imaginaire à l'intérieur de la maison.

LES CHIENS DU *TITANIC*

Il est attesté que lors du naufrage du *Titanic* en 1912, certains chiens ont survécu, d'autres ont sombré. Le Pékinois de Henry Harper, Su Yan Set, et des Spitz nains détenus par Margaret Hays et Elizabeth Rothschild ont survécu avec leurs propriétaires. En revanche, un Bouledogue français du nom de Gamin de Pycombe et son propriétaire, Robert Daniel, ont disparu. Le colonel John Jacob Astor et ses deux Airedales se sont également noyés.

60

« JE VAIS JUSTE APLATIR UN PEU CETTE “HERBE”. »

Personne n'aime dormir sur un lit plein de bosses. Pourquoi les chiens seraient-ils différents ? Lorsqu'il va dans son couchage, notre compagnon exécute un rituel – il tourne sur lui-même pour aplatir les bosses. C'est un comportement hérité de ses ancêtres qui tournaient sur eux-mêmes pour aplatir l'herbe ou la terre sur laquelle ils se couchaient. Autre trait comportemental issu de son passé sauvage (et partagé par les chats) : aimer avoir un cocon, un refuge, c'est-à-dire un lieu où il se sent en sécurité pour dormir – par exemple, sous une table, dans un coin de la pièce ou derrière un canapé.

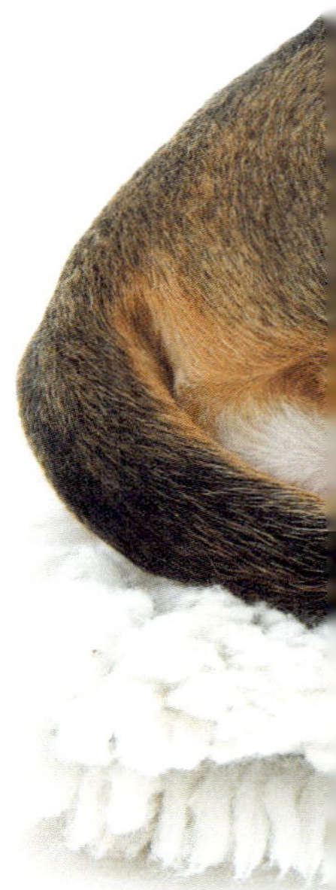

UN GROS DORMEUR

Environ 80 % du temps de sommeil d'un chien est constitué du sommeil lent (ou sommeil à ondes lentes). Les 20 % restants sont du sommeil paradoxal (ou sommeil REM), qui contribue à réparer les neurotransmetteurs du cerveau. Les chiots dorment entre quinze et vingt heures par jour, même jusqu'à l'âge de 12 semaines.

61

« OKAY, JE VAIS JOUER PLUS TARD. »

En général, les chiens dorment plus longtemps que les humains – entre dix et quatorze heures par jour. Ils ne dorment pas nécessairement au même moment. Une fois qu'ils prennent l'habitude de caler leur période de sommeil principale sur celle de leur « meute humaine », les choses s'arrangent, mais il est bon pour les chiots d'avoir quelque chose pour les stimuler la nuit, par exemple un petit jouet – silencieux bien sûr – avec lequel s'amuser, si jamais ils se réveillent au milieu de la nuit. Sinon, tout le monde risque d'être dérangé. Les chiots dorment par périodes de quatre à cinq heures. Laisser à leur disposition un jouet pour les occuper la nuit s'avère donc judicieux.

62 « JE NE SUIS PAS TOUT À FAIT ENDORMI. »

Les chiens sont des adeptes du sommeil polyphasique et n'hésitent pas à sommeiller un petit quart d'heure toutes les deux heures. Contrairement au sommeil monophasique qui comprend une seule période de sommeil toutes les vingt-quatre heures, le sommeil polyphasique permet un temps de veille beaucoup plus long à chaque cycle circadien. Un certain nombre de grands hommes, tels Léonard de Vinci ou Thomas Edison, auraient eu un sommeil polyphasique. Ce chiot Braque de Weimar était si à l'aise devant la caméra qu'il en a profité pour piquer un roupillon !

LA PHASE D'AVERSION

Entre 8 et 10 semaines, les chiots traversent ce qu'on appelle une phase d'aversion où ils ressentent le monde qui les entoure comme hostile. Durant cette période, il est important qu'ils ne soient pas exposés à des expériences potentiellement effrayantes ou douloureuses dont les effets risqueraient de se graver dans leur mémoire. En général, il est préférable de ne pas intégrer un chiot dans un nouveau foyer au cours de la phase d'aversion sous peine de perturbations et de confusion.

63 « PLUS BLOTTI QUE MOI, TU MEURS ! »

Les chiens peuvent se montrer exigeants et beaucoup veulent dormir sur le lit de leur maître. Un comportement hérité de l'enfance où tous les chiots se blottissaient les uns contre les autres pour accéder aux mamelles de leur mère. La plupart des chiens vivant la vie d'un chiot domestique – pas de chasse, pas d'activité sexuelle et des repas servis par leurs pseudo-parents –, il est normal qu'ils pensent trouver leur place au pied du lit de leur maître. Or, laisser votre compagnon dormir avec vous est un précédent dangereux, parce qu'il y aura des fois où ce sera impossible, et alors attendez-vous à des hurlements de rejet et des aboiements d'abandon sans fin.

Le trouble comportemental le plus préoccupant en dehors de l'agressivité est l'anxiété de séparation par besoin d'attention. Vous risquez d'avoir beaucoup de mal à déshabituer votre chien à dormir sur votre lit si vous l'y avez autorisé dès son plus jeune âge.

PREMIÈRE PETITE CHIENNE DANS L'ESPACE

Le premier animal à avoir voyagé dans l'espace était une chienne bâtarde nommée Laïka trouvée dans les rues de Moscou. Elle fut lancée par l'URSS à bord de l'engin spatial *Spoutnik 2*, le 3 novembre 1957, avec deux autres chiennes, Albina et Mouchka.

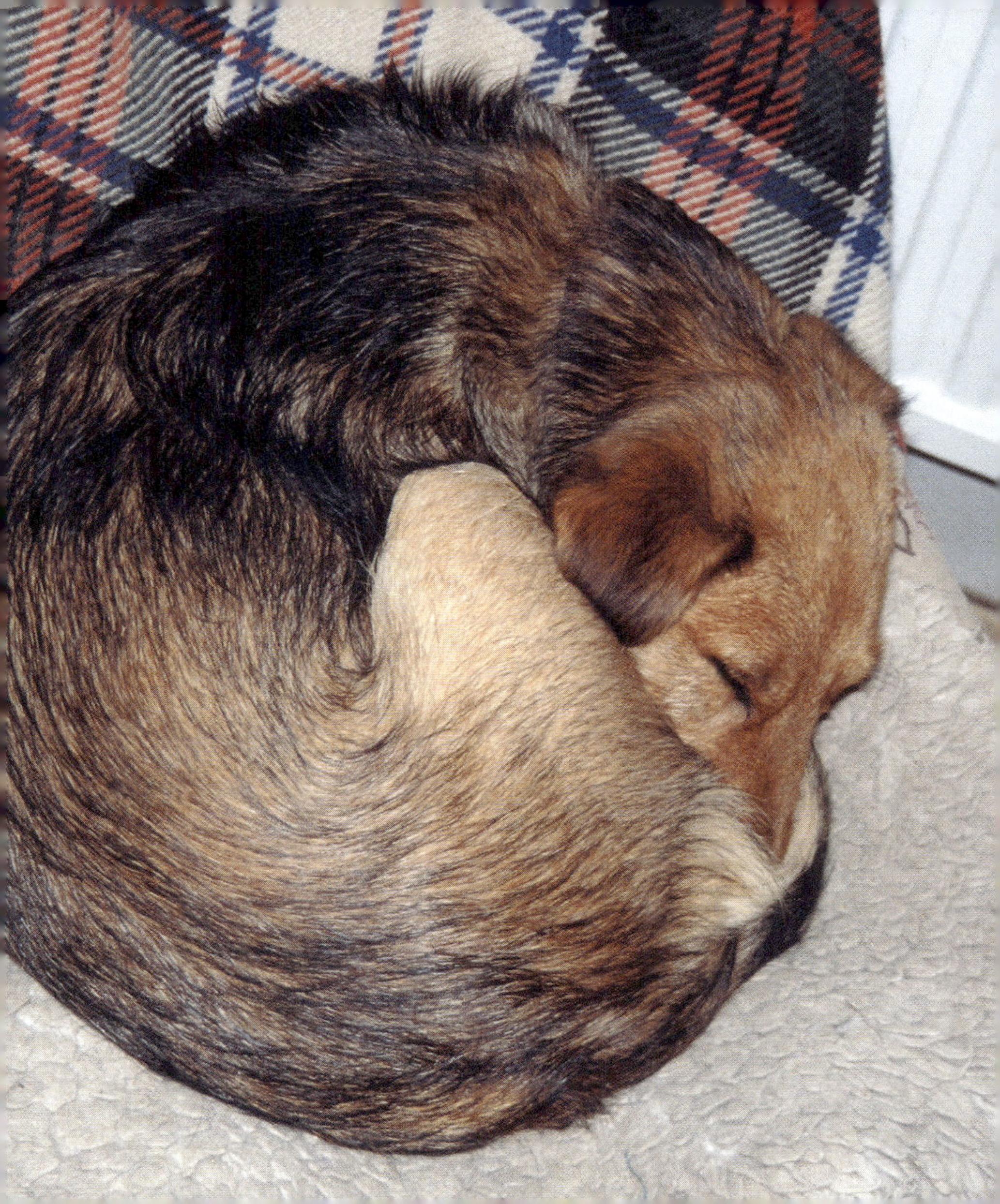

64 « IL SEMBLE QUE JE SOIS COINCÉ ICI. »

Animal grégaire, le chien se sent faire partie de la famille, alors même qu'il n'a pas le droit de dormir sur le lit, il aimerait dormir dans la chambre à coucher. Sinon, sur le palier, si la chambre est à l'étage ou, du moins, quelque part à l'intérieur de la maison avec le reste de la « meute ». Certes, les chiens peuvent apprendre à vivre dans une niche à l'extérieur, mais il est préférable qu'ils se sentent en sécurité à l'intérieur avec leur famille humaine. Ils ne comprennent pas pourquoi ils seraient tenus à l'écart, si loin du reste du groupe. De plus, dormir à l'extérieur peut induire une peur chez les chiens de petite taille qui craignent de voir surgir un danger de l'autre côté de la clôture.

LES PREMIERS CHIENS DOMESTIQUES

Les premiers témoignages de la domestication des chiens remontent à 12 000 ans av. J.-C. Dans un site funéraire en Israël, on découvrit le squelette d'une femme tenant un chiot. Aux États-Unis, la plus ancienne race canine est le Foxhound américain. Il descend des Foxhounds anglais importés en 1650 par le colon Robert Brooke.

65 « ZZZZZZZZZZZZZZZZZ. »

Si vous regardez votre chien dormir, vous pourrez voir ses pattes et son corps secoués de légers tremblements, et l'entendre pousser des petits cris plaintifs, des râles ou des grognements. Il rêve. Durant la nuit – exactement comme les humains –, il passe par des phases de sommeil léger et de sommeil paradoxal plus profond. C'est durant ces phases qu'il rêve. Mais de quoi ? De chats non pourchassés ? De frisbees non rattrapés ? D'os perdus à jamais ? Nul ne le sait.
Un bon conseil : ne réveillez pas un chien qui dort.

UN PISTEUR EXCEPTIONNEL

Le Basset Hound a été élevé en Angleterre pour la chasse au petit gibier – lièvres, lapins, faisans. Leurs longues oreilles contribuent à agiter et retenir les molécules odorantes qu'ils vont flairer et pister grâce à leur odorat ultrasensible. Les plis et replis de peau sous le menton – le fanon – servent aussi à piéger et conserver les odeurs, de même que les rides de la face. Avec leurs pattes courtes et leur allure régulière, ces chiens courants sont adaptés au pistage lent, permettant aux chasseurs de suivre à pied le gibier.

66 « QUEL SOULAGEMENT ! »

Les humains transpirent, mais le seul moyen pour un chien de se rafraîchir, outre la chance de trouver un endroit ombragé, est de haleter. Ses pieds sont le seul endroit où il possède des glandes sudoripares. La salive qui s'évapore par la langue permet d'évacuer la chaleur et de faire baisser la température corporelle. Plus le chien tire la langue, plus la surface d'évaporation est grande et donc plus le rafraîchissement est important.

C'est en partie la raison pour laquelle nos compagnons souffrent autant lorsque nous les laissons dans la voiture par temps très chaud et sans aération. L'animal essaie d'évacuer de la chaleur par sa langue mais a de plus en plus de mal parce que plus il halète, plus l'air de la voiture devient humide.

LES CHAUDS ET FROIDS SOURCES DE STRESS

La fourrure dense du chien est un héritage de ses ancêtres qui vivaient sous des climats froids. En général, le problème n'était pas les trop fortes chaleurs, mais le froid intense et potentiellement mortel. Aujourd'hui, la plupart des chiens domestiques vivent sous un climat tempéré, mais ceux qui sont confrontés à des changements radicaux de lieu de vie et de climat au cours de leurs douze ou quinze années d'existence subissent des stress importants.

67

« JE SAIS, JE BLOQUE LE PASSAGE… »

Tandis que les chats excellent à dénicher les endroits les plus ensoleillés, les chiens qui ont trop chaud se spécialisent dans la recherche des courants d'air les plus frais. Alors si vous voyez votre chien s'asseoir en plein milieu de la porte d'entrée, ce n'est pas parce qu'il veut jouer les paillassons, mais parce qu'il cherche à se rafraîchir. Il peut avoir toutefois d'autres motivations. Les chiens adorent suivre les allées et venues de leur « meute » et un petit air frais peut apporter des odeurs intéressantes. Et, surtout, rester étalé en plein milieu du passage lui permet de contrôler l'accès à la maison.

68 « WAOUH ! J'ADORE ÊTRE BOMBARDÉ D'ODEURS ! »

Les chiens sont très excités de voyager en voiture. C'est l'occasion de voir et de respirer autre chose, et il y a souvent un parc au bout du trajet ! Parfois, la vitre est ouverte et ils voyagent le museau à l'air pour se rafraîchir. Ce qu'ils aiment par-dessus tout, c'est d'être submergés par le flot de nouvelles odeurs, toutes plus excitantes les unes que les autres, qui leur parviennent à toute vitesse. Et ils ont même du mal à les identifier. Avec un odorat quarante fois plus sensible que le nôtre, c'est un véritable bombardement sensoriel. Souvent, vous les voyez renifler l'air, totalement grisés par l'expérience – un peu comme si nous tentions de regarder une vidéo en avance rapide.

LES COUREURS LES PLUS RAPIDES

La plupart des chiens domestiques peuvent atteindre environ 20 km/h en courant sur du plat. Les Lévriers sont de véritables bolides canins – certains pouvant atteindre près de 40 km/h.

69 « JE PEUX Y ALLER MAINTENANT QUE J'Y SUIS ! »

Le marquage urinaire n'est pas seulement un passe-temps agréable pour dire : « Je suis passé par là ! » Chez les chiens mâles, il représente une tentative de revendication territoriale. Lors de sa sortie, le mâle lève fréquemment une patte arrière, notamment s'il a flairé le marquage odorant d'un autre mâle sur un tronc d'arbre ou un réverbère. Tel un colleur d'affiches dans un lieu public, il recouvre de sa propre odeur la précédente pour l'annuler. Les mâles deviennent parfois si actifs qu'ils s'arrêtent trop fréquemment pour marquer leur territoire et se retrouvent à court d'urine ! Ce qui ne les empêche pas de lever la patte, sans laisser de « message ». Les femelles marquent aussi leur territoire – comme celle de la photo de gauche –, mais pas aussi régulièrement que les mâles.

LES MÂLES SE SERVENT MIEUX DE LEUR TRUFFE

Les mâles sont de meilleurs renifleurs que les femelles parce qu'ils sont génétiquement programmés pour analyser l'odeur de leurs congénères dans le cadre de leur marquage territorial.

70 « CELLE-LÀ EST FACILE À DÉCHIFFRER. »

Les chiens préfèrent laisser des marquages odorants contre des objets verticaux tels des arbres, des réverbères ou des coins de murs pour différentes raisons. La principale ? Ces objets font office de bornes qui jalonnent la route à bonne hauteur. Si les chiens effectuaient leurs marquages au sol, leurs congénères seraient obligés d'avancer le nez au sol en permanence. Pire, les odeurs seraient recouvertes par le passage des humains, d'autres animaux et facilement dissoutes par la pluie. En levant une patte arrière contre un objet vertical, le chien peut effectuer son marquage à hauteur de museau de ses congénères et donc le rendre plus repérable. De plus, on rencontre peu d'autres odeurs à ce niveau, ce qui donne aux marquages urinaires de nos toutous toutes les chances de persister sans être mélangés à d'autres odeurs.

MARQUER POUR SOULAGER SON ANXIÉTÉ

Le marquage odorant varie au cours de la vie du chien. Si votre animal s'y adonne frénétiquement, cela ne signifie pas forcément qu'il cherche à asseoir sa dominance. Les chiens nerveux recouvrent de leur odeur celle d'un congénère pour s'en débarrasser. Et un chien agité voit son anxiété diminuer s'il est capable d'effectuer des marquages odorants par-dessus ceux de ses congénères.

71 « OH ! CETTE ODEUR EST VRAIMENT INTÉRESSANTE. »

Tel un dégustateur de vins chevronné, le chien possède une faculté d'analyse des odeurs laissées par un congénère vraiment prodigieuse. Sa capacité d'identification par l'odorat est bien plus développée que celle de l'homme. Il lui suffit de flairer soigneusement le marquage odorant pour établir la composition de l'urine, sa fraîcheur, ainsi que le sexe et le rang hiérarchique de l'émetteur. Et s'il juge une odeur intéressante mais trop faible, il applique une technique spéciale pour accroître sa puissance olfactive : il utilise des cellules sensorielles situées dans le palais – et généralement réservées au goût – et, gueule entrouverte, aspire l'air en claquant des dents. Ces trois chiens ont été stoppés net par une odeur particulièrement attirante : la carcasse d'un animal mort située en contrebas du chemin.

LE CHIEN COMME INSTRUMENT DE MESURE

Avant les progrès des outils scientifiques au début du XXIe siècle, on utilisait les chiens pour détecter d'infimes quantités d'une substance si diluées qu'aucun instrument de laboratoire ne pouvait les mesurer.

72

« JE SUIS VRAIMENT FIER DE CE CHEF-D'ŒUVRE ! »

Artiste d'avant-garde, le chien ? Un peu. Après avoir déféqué dans le parc ou sur le trottoir, il aime bien attirer l'attention sur son travail. Très odorantes, les matières fécales représentent sa création artistique et il a envie de la donner à voir au monde en disant : « C'est moi qui l'ai faite ! » Afin que son chef-d'œuvre ne passe pas inaperçu, le chien gratte le sol à proximité pour montrer qu'il y a là quelque chose qui mérite le détour et que ses congénères se doivent de renifler. C'est un réflexe chez lui, et il gratte aussi bien la terre molle ou l'herbe du jardin que le bitume des villes ! Leurs ancêtres les loups vont plus loin. Ils marquent le sol jusqu'à un mètre plus loin comme pour souligner leur marquage fécal dans un territoire qui s'étend non pas sur des mètres, mais sur des kilomètres.

Nul doute que nos compagnons sont profondément humiliés lorsqu'ils nous voient ramasser aussitôt leur « objet d'art », le fourrer dans un sac plastique et le déposer dans la poubelle du parc.

73 « SI JE POUVAIS ÔTER CETTE PLANCHE DE BOIS AVEC MES DENTS… »

L'instinct de reproduction est fort chez les mâles entiers et peut conduire les maîtres à prendre des mesures drastiques pour empêcher leur animal de fuguer. Comment leur en vouloir ? Les chiennes entrent en chaleur deux fois par an, alors qu'un mâle est prêt à se reproduire à tout moment. Et tandis que le chien parcourt de grandes distances s'il repère la moindre odeur favorable pour trouver sa partenaire, la chienne a tout aussi hâte de trouver un partenaire sexuel. On recommande souvent aux propriétaires de laisser leur chienne avoir des chaleurs une fois avant de les faire opérer. Alors attendez-vous à vivre une semaine durant laquelle elle va vouloir fuguer à tout prix pour s'accoupler.

DES PHÉROMONES FEMELLES IRRÉSISTIBLES

Un mâle peut sentir les phéromones d'une femelle à presque 5 kilomètres de distance – ce qui vous laisse imaginer le nombre de prétendants dans un rayon de 5 kilomètres. Si vous voulez empêcher votre animal de fuguer et de vagabonder, faites-le castrer. L'arrêt des sécrétions d'hormones mâles va aussi diminuer son agressivité.

74 « LES SIGNAUX SONT CLAIRS, NON ? »

Lorsqu'une chienne est en période de chaleurs, elle s'agite, erre sans but, boit beaucoup et urine plus souvent. Les mâles identifient les signaux émis lorsqu'elle urine et n'ont qu'une idée : la rejoindre. Toutefois, la chienne est de mauvaise humeur et peut se montrer agressive tant qu'elle n'est pas prête à ovuler. Elle ne lève pas la queue tant qu'elle n'accepte pas le mâle et risque même d'attaquer des prétendants impatients. Elle s'assied ou pivote sur elle-même pour empêcher la saillie. Lorsqu'elle est prête à accepter le mâle, elle lève la queue, surélève sa croupe et se tient tranquille – l'accouplement peut alors avoir lieu.

LA PUNITION PAR LA SOLITUDE

Laisser un chien seul est une bonne façon de le punir. Au moment où l'animal se comporte mal, le maître quitte la pièce. Avec son instinct grégaire, le chien s'épanouit au contact de son maître et déteste la solitude. La punition doit avoir lieu à l'instant où le chien fait une bêtise afin qu'il comprenne que son comportement est la cause directe de l'absence soudaine de son maître.

75

« C'ÉTAIT COMMENT POUR TOI ? »

Après l'accouplement, les deux partenaires restent attachés – ce qu'on appelle le « nouage » – entre dix minutes et plus d'une heure dans les cas extrêmes. Ils sont incapables de se séparer physiquement et toute tentative pour se « dénouer » risque de provoquer des douleurs. Pourquoi ? En raison du verrouillage de leurs organes génitaux. Chez les chiens, le coït comprend trois étapes, c'est-à-dire que le mâle éjacule en trois phases espacées de plusieurs minutes,

EN CHALEUR DEUX FOIS PAR AN

Les chiens doivent beaucoup à leurs ancêtres les loups, mais au fil du temps ils sont devenus plus fertiles qu'eux. Tandis qu'une louve n'a des chaleurs qu'une fois par an, presque toutes les races canines – sauf le Basenji – voient leurs femelles capables de se reproduire deux fois par an.

alors que chez les humains la fécondation peut se faire en une seule éjaculation. La nature est bien faite : elle a conçu un processus où le mâle et la femelle ne peuvent pas se séparer tant que la tâche n'est pas accomplie.

76 « ET APRÈS, QUE VA-T-IL SE PASSER ? »

Les chiens partagent avec l'homme de nombreux traits comportementaux, dont celui de bâiller lorsqu'ils sont anxieux. Dans des situations tendues où l'anxiété monte progressivement – avant de passer un examen, de participer à une réunion ou de monter sur scène, par exemple –, les humains se mettent à bâiller. Certaines personnes y voient un signe de décontraction excessive, voire de je-m'en-foutisme – un état de calme si profond qu'il est presque comateux ! Or, ce n'est pas du tout le cas, et pour les chiens, c'est pareil. Les chiens bâillent lorsqu'ils sont sous pression et dans l'incertitude de ce qu'ils doivent faire. De la même façon qu'un chien qui remue la queue n'est pas forcément content de vous voir, un chien qui bâille n'est pas nécessairement fatigué – mais plutôt anxieux.

UNE ATTENTE ANXIEUSE

Beaucoup de chiens souffrent d'anxiété de séparation, de la peur de rester seuls. Les individus les plus à risque sont ceux qui font la fête à leur maître à chaque retour de ce dernier, puis le suivent comme une ombre, sans le lâcher d'un pouce – c'est-à-dire les chiens peu indépendants.

77 « POURQUOI EST-CE QU'IL ME FIXE ? »

Autre indice que le chien se sent mal à l'aise ou nerveux : le petit coup de langue rapide qu'il se passe sur la truffe. Ce comportement s'observe souvent dans un contexte d'actes de soumission lorsque le chien cherche à tout prix à montrer à un congénère qu'il occupe un rang hiérarchique inférieur et ne représente aucune menace. Il peut aussi manifester ce type de comportement de soumission avec des membres de sa famille humaine. Les chiens détestent qu'on les fixe du regard parce que c'est ce que font les chiens dominants pour asseoir leur pouvoir. Si, sans faire attention, vous avez regardé un chien droit dans les yeux, vous le verrez sans doute se lécher le bout du nez ou bâiller.

UN BRUIT SOUDAIN QUI DÉRANGE

L'une des astuces des éducateurs pour stopper la mauvaise conduite d'un chien – qui tire sur sa laisse pendant sa promenade, par exemple – est d'utiliser un bruit fort et soudain. À la seconde où l'animal se comporte mal, une boîte de perles est lâchée sur le trottoir pour faire du bruit et détourner l'attention de l'animal. Le chien apprend à cesser de tirer sur sa laisse et à éviter la boîte sonore.

78 « NON, JE NE SUIS PAS INTÉRESSÉ. »

Certes, le chien peut bâiller, se lécher le museau ou remuer la queue pour dire qu'il est mal à l'aise et nerveux, mais il peut aussi employer d'autres stratégies pour gérer la situation. Champion du langage corporel, il peut tout simplement snober l'individu dont il se méfie (pas celui qu'il considère comme un agresseur potentiel) en lui tournant le dos. Si vous voyez un chien tourner la tête d'un air catégorique, c'est qu'il dit : « Non, je n'écoute pas, ça ne m'intéresse pas. » Ce chiot gère la situation en tournant le dos à l'objectif, mais sa curiosité est la plus forte : attiré par le bruit d'un jouet qui couine, il tourne la tête pour regarder.

UNE DRÔLE DE VOIX

Le Basenji est très proche de son ancêtre le loup : il aboie rarement – il émet un glapissement évoquant le chant tyrolien – et ses femelles n'ont des chaleurs qu'une fois par an. Ce chien a été découvert dans le Congo en 1895 alors qu'il aidait une tribu à rassembler le gibier. Son nom africain signifie « chien des sauvages ».

79 « ILS NE VONT PEUT-ÊTRE PAS ME REMARQUER SI JE PARS EN DOUCE. »

Si un chien agresseur battait en retraite de façon précipitée, il donnerait l'impression à un congénère ou à un humain qu'il a perdu la bataille et qu'il s'avoue vaincu. Or, les chiens ne veulent pas donner l'impression de prendre la fuite. C'est pourquoi ils s'éloignent avec lenteur, très posément, comme si de rien n'était. S'ils étaient en position assise, ils se lèvent doucement en étirant leurs pattes arrière ou en reniflant quelque chose au sol qui leur semble soudain digne du plus grand intérêt…

VOTRE CHIEN PEUT ÊTRE COMME VOUS

Des études ont montré que des maîtres névrosés finissent avec des chiens névrosés. Pourquoi ? Parce que leur éducation manque de cohérence et de discipline, ce qui aboutit à une situation de conflit entre l'animal et son propriétaire. Les maîtres trop affectueux se retrouvent avec des chiens qui manifestent des signes d'agressivité hiérarchique à leur égard parce qu'ils les laissent dominer et faire la loi à la maison.

80

« C'EST TROP INTENSE. »

Les chiens ferment souvent les yeux pour « casser » la trop forte intensité d'un moment. Les humains adorent tisser un lien étroit, personnel et privilégié avec leur animal. Aux yeux de leur compagnon, ils peuvent parfois en faire un peu trop. Le chien a du mal à gérer cette proximité, ce contact physique ou visuel, alors il ferme les yeux, tout simplement. Les humains pensent que c'est parce qu'il apprécie vraiment leur toucher, et notamment leurs caresses, mais non.

REGARDE DE QUOI JE SUIS CAPABLE !

Certains chiens tels les Pitbulls adorent garder des bâtons dans leur gueule et se promener avec, longtemps après que le jeu a cessé. Ils aiment ramasser des bâtons trop gros pour être lancés et les rapporter à la maison. Dans leur tête, c'est comme s'ils avaient tué une proie et la rapportaient pour la montrer à leur maître.

81 « JE VAIS Y ALLER DOUCEMENT. »

Les chiens doivent s'approcher de leurs congénères avec méfiance. Dans un parc, ils vont rencontrer des congénères de toutes formes, de toutes tailles et de tous tempéraments. L'approche directe – courir tout droit sur l'un d'eux – peut être agressive. Si vous êtes le maître, méfiez-vous des autres chiens qui foncent sur le vôtre. Pour l'animal, la meilleure approche d'un congénère consiste à s'avancer vers lui furtivement et de côté, c'est-à-dire en faisant un détour circulaire. S'il évite un contact visuel direct trop poussé et s'il exécute une révérence ludique, la rencontre a toutes les chances de bien se passer : l'inconnu ne sera pas offensé et sera peut-être même disposé à entamer une partie de jeu.

82 « J'AI PEUR ! »

Bien que les oreilles du chien ne soient pas aussi expressives que celles du chat, elles trahissent des émotions fondamentales assez faciles à déchiffrer. Les oreilles couchées sont un signe de peur ou d'incertitude et, dans le cadre d'un échange avec un congénère, constituent un acte de soumission aussitôt compris par le chien de statut hiérarchique supérieur. Lorsque l'animal se sauve la queue entre les pattes, ses oreilles seront aussi aplaties que possible !

83 « JE SUIS INTÉRESSÉ. »

Les oreilles dressées sont un signe d'éveil de l'attention, d'un intérêt manifeste. Le chien attend la suite, prêt à réagir sur-le-champ. Si les oreilles sont dressées et pointées vers l'avant, l'animal est en confiance et sûr de lui.

84

« JE N'AI QU'UNE IDÉE : FUIR ! »

Un chien qui a peur a à la fois les oreilles couchées et rabattues en arrière, les yeux grands ouverts, les pupilles dilatées et la queue basse ; il halète fortement et cherche à battre en retraite ou à se faire tout petit. Les chiens craintifs cherchent un endroit où se sentir en sécurité et vont volontiers se cacher dans un coin où ils ne peuvent pas être approchés par-derrière.

PROGRAMMÉ POUR LA GARDE

Si le Berger allemand est un si bon gardien, c'est parce qu'il est génétiquement programmé pour protéger. Il est facile à éduquer et apprend vite, des qualités que les éleveurs recherchent pour développer des chiens de garde toujours plus performants.

85

« JE JOUE LES STATUES. »

Les chiens ont quatre possibilités face à une situation délicate : fuir, lutter, se soumettre ou rester immobiles jusqu'à ce que la menace passe.

Selon la taille et la nature de la menace, ils peuvent utiliser d'autres « tactiques de profil bas » que l'immobilité, à savoir adopter un regard fuyant, détourner la tête, s'éloigner doucement ou faire semblant de trouver quelque chose d'intéressant à renifler par terre.

Jouer les statues est une bonne tactique. Pourquoi ? Parce que l'autre en face est incapable de prévoir le prochain mouvement qu'il va faire et va donc essayer de deviner. De plus, cela lui permet de gagner du temps pour évaluer la nature de la menace et décider d'adopter un comportement de soumission, d'attaquer, ou… de prendre la poudre d'escampette !

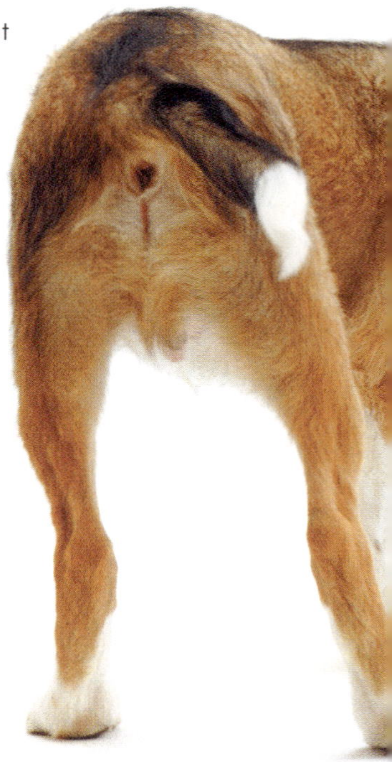

86 « UN CONSEIL : DÉGUERPIS ! »

Les Dobermans, les Rottweilers et les Bergers allemands sont de charmants compagnons et de bons chiens de garde parce qu'ils n'ont quasiment jamais peur. Il est difficile de deviner ce qu'ils pensent au sein de leur famille humaine parce qu'ils manifestent peu de signaux de peur tant qu'ils ne sont pas en danger. Si les chiots sont séparés trop tôt de leur mère, c'est-à-dire avant d'être parfaitement socialisés, ils auront du mal à s'entendre avec les autres.

Les chiens de garde étant éduqués pour juger hostiles les étrangers, leur niveau de méfiance est très élevé. Vous approchez doucement ou vous ne vous faites pas remarquer et renoncez à approcher. Les signes d'agressivité sont : le corps bien droit, la tête dressée, le contact visuel direct avec un regard qui vous fixe et ne vous lâche pas et le désir de vous foncer dessus (ils peuvent remuer la queue, ce qui peut prêter à confusion). Si ces chiens sont sans laisse et aboient, c'est bon signe car cela dénote une certaine peur, même s'ils peuvent vous attaquer.

LE CHIEN GARDIEN DES ENFERS

Dans la mythologie grecque, Cerbère était un chien monstrueux à trois têtes, à queue de serpent et au cou hérissé de serpents qui gardait les Enfers. Il veillait à ce que les morts ne puissent s'échapper de l'antre d'Hadès et à ce que les vivants ne puissent y entrer. Sa sœur s'appelait Chimère et son frère Orthos.

87 « C'EST UN BALLON, OKAY ? »

Dans la relation entre le chien et l'homme, le chien réalise l'essentiel de l'apprentissage. Tout petit, le chiot apprend à communiquer avec ses compagnons de portée, puis un peu plus tard avec les humains. Le plus grand choc pour un chiot est de voir que ces drôles d'humains lui disent bonjour différemment (pas en reniflant), font des choses totalement déconcertantes et attendent de lui qu'il réagisse comme il faut.

88 « ES-TU AUTORISÉ À ME DONNER UNE PETITE TAPE ? »

La façon dont les humains saluent un toutou implique quelques gestes dont les chiens les plus méfiants ne sont pas très friands. D'abord, un contact visuel direct ; ensuite, la main qui s'approche de la tête pour donner une petite tape amicale ou une caresse. La plupart des chiens apprennent à accepter cette manière de dire bonjour et s'y habituent dès leur plus jeune âge – l'âge où tous les humains les trouvent adorables et veulent les approcher. Toutefois, les chiens ont moins peur si vous n'approchez pas votre main.

Et ils seront ravis si vous approchez votre nez du leur – quoi de mieux qu'un bon reniflement mutuel avant de faire plus ample connaissance ! Sauf qu'ils ne réalisent pas que le nez de l'homme n'est pas vraiment à la hauteur de la tâche.

SOYEZ CLAIR ET COHÉRENT

L'important lorsque vous punissez votre compagnon est de faire preuve de cohérence. Souffler le chaud et le froid en acceptant un jour tel ou tel comportement et en le réprimandant le lendemain envoie des signaux perturbants pour l'animal. De même, ne prononcez pas son nom à la fois pour le féliciter et le punir. Il est préférable de lui dire « bon chien » quand il se conduit bien et « mauvais chien » quand il se conduit mal.

89 « ENCORE DEUX MINUTES ET ÇA SUFFIT. »

Les chiens qui ont grandi dans une famille bienveillante et affectueuse ont appris à accepter toutes les manipulations des humains – les petites tapes amicales, les caresses, être pris dans les bras, être tirés en laisse et même être toilettés ! En revanche, ceux qui ont été mal socialisés dès leur plus jeune âge ou maltraités par leurs maîtres ont du mal à accepter le contact humain. Les chiens ne sont donc pas tous pareils et un animal adopté dans un refuge peut avoir des problèmes relationnels avec les humains. Le chien sur la photo n'est pas à l'aise face à ces contacts rapprochés mais a appris à les accepter en tant que membre de statut hiérarchique inférieur au sein de sa meute humaine.

RÈGLES À APPLIQUER À VOTRE CHIEN

- L'éduquer le plus tôt possible.
- Lui refuser l'accès à certains endroits pour lui montrer qui est le patron.
- Contrôler l'heure des repas ; ne pas le nourrir sur demande.
- Ne pas le laisser gagner à des jeux de combat.
- En promenade, ne pas le laisser s'arrêter à chaque bouche d'incendie.

90 « ATTENTION À L'ENDROIT OÙ TU ME TOUCHES ! »

Même si votre chien est correctement socialisé et habitué à être tripoté par de jeunes enfants exubérants, il y a des parties de son corps qu'il est préférable de ne pas toucher. Il accepte d'être touché sur le dos, le poitrail et la tête, mais pas sur le ventre ni dans l'aine. Il peut réagir en vous mordant, même si ce chiot a appris l'inhibition de la morsure et choisi de répliquer par un combat ludique.

LE PUNIR DANS LES SECONDES QUI SUIVENT

Dans le cadre d'une éducation réussie, la punition doit tomber aussitôt après la mauvaise conduite. Autrement dit, vous ne disposez que de quelques secondes. Sinon, votre chien ne sait pas avec certitude pourquoi vous le punissez. Il est encore plus efficace d'anticiper le comportement répréhensible – en devinant, par exemple, qu'il va sauter sur un invité pour l'accueillir – et de le punir dès l'instant où il passe à l'acte. L'association est alors parfaitement claire.

91 « TOUCHE PAS À MA TÊTE. »

Si un chien vous mord, c'est généralement à la main. À vrai dire, il ne comprend pas très bien le besoin de tous ces humains de lui donner des petites tapes amicales, mais il fait avec. Lui utilise ses pattes pour stabiliser un os, encourager un congénère à participer à un jeu de poursuite ou de combat, s'accoupler et, bien sûr, courir et rester debout. Alors que les humains se servent de leurs mains pour tout, y compris pour le tapoter sur la tête, ce qu'il ne trouve ni apaisant ni rassurant. Tous ses outils de collecte d'informations si sophistiqués se trouvent dans une seule zone – celle des oreilles, des yeux, du nez et de la bouche. Par conséquent, un étranger qui tente un contact un peu trop brutal dans la région de la tête peut se faire mordre la main, surtout si le chien a reçu des coups à cet endroit dans le passé. C'est derrière les oreilles et le long du maxillaire que le chien préfère être caressé, alors allez-y sans crainte, mais à condition d'avoir déjà établi un contact avec lui.

92 « OH OUI ! C'EST BON – TRÈS, TRÈS BON. »

Il y a des endroits du corps qui le démangent et qu'il ne peut atteindre, à moins qu'un humain assez aimable lui prête main-forte. La plupart des races apprécient d'être grattées sur la poitrine, autour du collier et derrière les oreilles. Avec la pratique, les maîtres savent où leur compagnon éprouve le plus de plaisir à être gratté et à quel moment ils doivent s'arrêter parce que trop, c'est trop. Le chien guide la main de l'homme en levant les pattes, en allant au-devant des grattouilles pour augmenter leur pression et mieux les sentir ou en tournant la tête pour faciliter l'accès à la zone. Ce Husky prend une dernière dose de contact humain avant le début de l'*Iditarod Trail Sled Dog Race*, une course annuelle de chiens de traîneaux très éprouvante.

LE HUSKY LE PLUS COURAGEUX

Le Husky sibérien adore le froid, mais parfois il y a des limites. Durant l'hiver 1925, une épidémie de diphtérie frappa la ville de Nome, en Alaska. Faute de chemin de fer, on décida de monter un attelage de chiens de traîneaux dirigé par Balto pour acheminer le précieux sérum antidiphtérique. Les chiens parcoururent plus de 1 000 kilomètres, affrontant un terrible blizzard et des températures glaciales. Cet exploit valut à Balto une statue à son effigie.

Alyeska

93 « JE POURRAIS RESTER ASSIS LÀ TOUTE LA JOURNÉE. »

Gratter un chien sur sa poitrine ou derrière ses oreilles lui rappelle les contacts éprouvés lors de la parade nuptiale. Les mâles adorent être grattés sur la poitrine parce que c'est l'endroit où la chienne frotte pendant l'accouplement. Vu qu'ils ont rarement l'occasion de s'accoupler réellement dans leur vie de chien domestique, les caresses du maître sur la poitrine sont… divines ! De même, gratter ou masser doucement les oreilles de votre animal sont des gestes qui lui évoquent certains rituels plus qu'agréables lors de la parade.

LES ERGOTS

Les petits « doigts » que les chiens ont sur le côté de leurs pieds sont appelés « ergots ». Ils sont les vestiges d'une époque où ils grimpaient et couraient beaucoup. Depuis 10 000 ans, cette fonction de grimpeur se réduit comme peau de chagrin – et leurs ergots aussi puisqu'ils n'en ont plus l'utilité. Les ergots se trouvent sur les pattes de devant, mais certaines races en ont sur les pattes arrière. Beaucoup d'éleveurs les coupent à la naissance, les considérant comme disgracieux. Contrairement aux propriétaires de Chiens de montagne des Pyrénées qui jugent que les ergots font partie intégrante de la généalogie du chien et tiennent à les conserver.

94 « TU EN ES SÛR ? »

Les chiens changent fréquemment l'angle d'inclinaison de leur tête lorsqu'ils sont déconcertés ou essaient de comprendre quelque chose. En inclinant la tête, ils modifient la position de leurs oreilles par rapport à la source sonore, ce qui les aide à mieux se concentrer sur ce que vous leur dites ou sur le bruit insolite qu'ils viennent d'entendre.

NOM D'UN CHIEN !

Des noms comme Lucky, Max, Filou, Jack, Junior, Snoopy, Rex, Leo, Sam, Happy, Simba, Charly ou Diego ont le vent en poupe. En 2016, les noms les plus donnés aux chiens mâles étaient Marley, Mango, Maïko, Max, Marvel, Milo, Myson, Mickey, Meïko et Mojito. En 2017, on a vu se multiplier les Newton, Néo, Némo, Nelson, Narco et Nougat.

95 « HÉ ! ÇA DEVRAIT FAIRE L'AFFAIRE ! »

Les animaux, et notamment les chiens, peuvent être très drôles. J'ai déjà vu à la télé un Border Collie faire du toboggan sur un talus, glissant sur son arrière-train en s'aidant de ses pattes avant pour garder l'équilibre. On pourrait croire que le chien fait le clown devant la caméra. En fait, c'est une question d'hygiène. Si votre compagnon se frotte le derrière par terre, ce qu'on appelle « faire le traîneau », c'est pour vider ses glandes anales. Celles-ci sécrètent une substance odorante qui permet à l'animal d'ajouter sa « marque » personnelle à ses matières fécales. Avec des glandes engorgées, le chien perd une partie de son identité. S'il rencontre des congénères, ces derniers n'auront pas sa carte de visite complète. Alors un petit tour de scooter peut suffire à vider les sacs anaux et à permettre au chien de retrouver son identité.

NOM D'UNE CHIENNE !

En 2016, l'année du « M », les noms les plus donnés aux chiennes étaient Maya, Molly, Mia, Maïka, Mya, Myrtille, Milka et Miya. En 2017, année du « N », on a vu s'envoler les Naya, Nala, Nina, Nikita et Nova. Parmi les noms à la mode figurent aussi les Chipie, Lola, Luna, Louna, Bella, Tina, Chanel, Vanille, Daisy et Isis.

96 « ÇA EMPESTE, SUPER ! »

À la grande consternation de leur maître, beaucoup de chiens adorent se rouler dans la saleté. Certains semblent même trouver un malin plaisir à dénicher les excréments animaux les plus nauséabonds et à se rouler dedans à plusieurs reprises, comme pris d'une fièvre extatique. Plusieurs théories tentent d'expliquer le phénomène, la plus convaincante étant la suivante : le chien attache une grande importance au rituel qui consiste à renifler les glandes anales de ses congénères. Par conséquent, avoir sa propre odeur, plus celle dans laquelle il se roule, constitue un facteur d'attraction supplémentaire. Imaginez deux couches de parfum : l'odeur de base est celle du chien qui, soudain, a l'occasion d'ajouter un « testeur » gratuit par-dessus. Comment résister ?

UN CHIEN AU FIRMAMENT ?

Située dans la constellation du Grand Chien, Sirius est l'étoile la plus brillante du ciel nocturne. Sa magnitude apparente est de –1,47. Les anciens Égyptiens la baptisèrent « étoile du chien » en référence au dieu Anubis dont la tête ressemblait à celle d'un chien.

97 « JE NE SAIS PAS CE QUI M'A PRIS. »

Les chiens peuvent faire les imbéciles, mais ils ne sont pas idiots. On peut leur apprendre toutes sortes de tâches très complexes. Si, dans un moment d'excitation, un chien bondit pour regarder par la fenêtre et casse accidentellement un objet au passage, il peut manifester de la culpabilité au retour de son maître, anticipant d'expérience la réaction de ce dernier. Plus l'animal est intelligent, plus il va exprimer son sentiment de culpabilité sous la forme d'un langage corporel de soumission – tête et yeux baissés, dos voûté, queue entre les pattes. Il décèle très vite que son maître est en colère, alors autant faire profil bas…

MAUVAIS CHIEN, PRIVÉ DE DÎNER… MAIS PAS DE DESSERT

Le soir de la Saint-Sylvestre, l'auteur était invité chez des amis. L'un d'eux insista pour ramener son Border Collie à l'intérieur parce qu'il faisait trop froid dehors dans la voiture. La soirée se déroula à merveille jusqu'au dessert, servi juste avant minuit. Un diplomate avait été laissé sur une étagère basse dans la cuisine. Lorsque la maîtresse de maison alla chercher le gâteau, elle vit le Border Collie à l'air le plus coupable du monde, le museau couvert de crème et de centaines de paillettes !

98 « TU VEUX MA PHOTO ? »

Même si le comportement des chiens (et des loups) est universel, il existe des races canines qui répondent très mal à l'éducation, quels que soient les efforts du maître pour leur apprendre les bonnes manières. Le Chihuahua est particulièrement difficile à éduquer. Il ne supporte pas d'autres races dans sa meute ni de cohabiter avec de jeunes enfants. Il est heureux avec un compagnon de sa race ou avec de jeunes adultes. De plus, il est extrêmement combatif dans la rue, malgré sa petite taille et son faible poids. D'où l'intérêt de pouvoir le faire tenir dans une poche !

RÉGLEZ VOTRE MONTRE SUR VOTRE CHIEN

Les chiens ont une excellente horloge biologique et sont même capables de prévoir l'heure de certains rituels – par exemple le moment où le réveil de leur maître va sonner le matin – dans une fourchette entre soixante secondes et vingt-quatre heures.

99 « IL EST JUSTE LÀ. »

Les chiens d'arrêt sont des chiens de chasse élevés pour détecter l'odeur d'une proie et marquer l'arrêt aussitôt, le nez haut pointé en direction du gibier. Même si la hauteur de leurs yeux peut indiquer la distance, les chasseurs doivent attendre que le gibier à plume ou à poil surgisse des fourrés pour tirer. D'autres races manifestent aussi quelque aptitude à pointer en direction du gibier – un trait hérité des loups. En effet, lorsque les loups sentent l'odeur d'une proie, ils pointent leur museau dans sa direction pour transmettre le message aux autres membres de la meute qui ne l'ont pas encore détectée. Ce chien a localisé un écureuil dans les broussailles et, bien que son corps ne soit pas parfaitement positionné, c'est une attitude typique des chiens d'arrêt.

LE LOUP, MAIS EN MIEUX

Les éleveurs ont été capables d'obtenir un « meilleur loup » que nature en accentuant toutes les caractéristiques de base du loup. Le Saint-Hubert est meilleur en pistage, le Greyhound est beaucoup plus rapide, le Husky sibérien est nettement plus endurant et le Rottweiler est un meilleur attaquant. La race de chien la plus populaire – le Berger allemand – est celle qui ressemble le plus au loup.

100

« ÇA VA, MAINTENANT, MAIS NE T'EN VA PAS ! »

Le Braque de Weimar est un nouveau venu dans l'univers des chiens de compagnie. Cet élégant chien de quête et d'arrêt n'était guère connu en dehors de son pays, l'Allemagne, jusqu'aux années 1930. Au fil du temps, les éleveurs ont fini par produire un chien qui a un besoin vital de la compagnie des hommes et déteste rester dans un chenil. Le Braque de Weimar peut énormément souffrir d'anxiété de séparation et se mettre à paniquer s'il est séparé de son maître. Il peut aussi devenir agressif si ce dernier tente de s'éloigner en essayant de lui mordiller les chevilles et se livrer à des comportements destructeurs en son absence – allant même jusqu'à s'automutiler. Son anxiété diminue avec l'âge.

LE « FANTÔME GRIS »

Le Braque de Weimar est surnommé ainsi en raison de sa robe gris argenté et de son allure, légère et gracieuse, lorsqu'il chasse. Eisenhower possédait un Braque de Weimar appelé Heidi et Valéry Giscard d'Estaing adorait Jugurtha.

INDEX

REMERCIEMENTS

L'éditeur remercie Warren Photographic d'avoir fourni l'essentiel des photos de cet ouvrage.
© Warren Photographic/Jane Burton : Pages 9, 10, 14, 17, 19, 20, 22, 25, 26, 29, 30, 31, 32, 35, 36, 38, 43, 45, 47, 51, 59, 61, 63, 66, 70, 73, 76, 79, 80, 83, 87, 91, 92, 95, 97, 98, 106, 113, 115, 116, 119, 120, 123, 127, 129, 130, 134, 136, 139, 147, 148, 152, 155, 157, 158, 161, 162, 165, 166, 170, 171, 173, 175, 176, 178, 181, 182, 185, 186, 191, 192, 196, 199, 200, 203 et 205.
© Warren Photographic : Page 7.
© Warren Photographic/Kim Taylor : Pages 52, 55, 56, 64, 69, 75, 84, 88, 101, 102, 109, 110, 124, 133, 140, 144, 151, 168 et 195.
© Getty Images : Couverture; pages 12, 40, 48, 105, 143 et 189.